$8°Y^2$
88444

C'EST NOUS

QUI

SONT L'HISTOIRE !!!

CALMANN LÉVY, ÉDITEUR

DU MÊME AUTEUR

Format grand in-18.

Format in-8ᵉ colombier.

LES CHASSEURS, un très beau volume illustré
de 500 dessins de CRAFTY.

IMPRIMERIE CHAIX, RUE BERGÈRE, 20, PARIS. — 25172-11-90,

C'EST NOUS

QUI

SONT L'HISTOIRE !!!

PAR

GYP

QUATORZIÈME ÉDITION

PARIS

CALMANN LÉVY, ÉDITEUR

ANCIENNE MAISON MICHEL LÉVY FRÈRES

3, RUE AUBER, 3

—

1891

A MONSIEUR

LANFRANC DE PANTHOU

GYP

C'EST NOUS

QUI

SONT L'HISTOIRE !!!

M. JOSEPH LAGRATHE, MINISTRE DE... (?)
(Supposons, pour ne pas faire de per-
sonnalités, qu'il y ait un *onzième ministre,* et que ce soit celui-là.) Quarante-
cinq ans; ni grand ni petit; ni beau
ni laid ; parfaitement inutile, inconnu,
incolore et incorrect, mais pas incor-
ruptible.

MADAME LÉONIE LAGRATHE, « ÉPOUSE »
DU MINISTRE. Même signalement que
le précédent.

1

M. DABANDON, HAUT FONCTIONNAIRE.
Quarante ans. Ignorance crasse; aplomb
étourdissant ; pas précisément bête,
plutôt sot ; d'une poltronnerie atten-
drissante de sincérité.

MADAME DABANDON, FEMME DU HAUT
FONCTIONNAIRE. Trente ans; très jolie;
très poseuse ; très coquette; n'a reculé
devant aucun sacrifice pour assurer
l'avancement de son mari.

QUELQUES SEIGNEURS OFFICIELS SANS
IMPORTANCE, mais tous pourvus de
belles places et associés, plus ou moins,
aux opérations financières du gouvernement. Signes particuliers : « Font
tous la cour à madame Dabandon. »

UN « QUI N'EN EST PAS », M. DE FOL-
LEUIL. Quarante-huit ans; riche, in-
dépendant et honorable. N'a jamais
occupé aucune fonction sous aucun gou-

vernement. Vieux garçon, maniaque, original, noceur et grincheux. A beaucoup connu le ministre, anciennement au *Quartier*, quand il faisait son droit. A repris ses relations avec lui parce que madame Dabandon l'intéresse, qu'il désire l'*étudier* d'aussi près que possible, et qu'il a appris qu'elle marche, pour l'instant, dans l'ombre du ministre.

Ils traversent la cour du *Cercle de l'Union artistique*.

LE MINISTRE, *à Folleuil.* — Quelle veine de t'avoir rencontré!... tu vas nous faire les honneurs de ton exposition?... car c'est ton exposition?... tu es ici chez toi?...

FOLLEUIL. — Ma foi non !... depuis que le cercle est rebâti... refondu... personne n'est plus chez soi!...

M. DABANDON, *à Folleuil, d'un air gracieux.*
— Monsieur est l'ennemi du progrès?...

FOLLEUIL. — Oui, monsieur...

M. DABANDON, *d'un air de plus en plus gracieux.* — Et me sera-t-il permis de demander pourquoi?...

FOLLEUIL, *bourru.* — Parce que le progrès nuit à tous ceux à qui il ne profite pas!... vous l'aimez, c'est votre devoir... je le déteste, c'est mon droit...

M. DABANDON, *bas, à sa femme.* — Quel porc-épic!...

MADAME DABANDON, *lançant à son mari un regard terrible.* — Taisez-vous donc!... c'est un ami intime du ministre... et le meilleur tireur de Paris!...

M. DABANDON. — Ah! tu m'en diras tant!...

Il cherche à reprendre la conversation avec Folleuil qui lui tourne le dos.

L'ÉPOUSE DU MINISTRE. — ... Voilà un portrait d'enfant de Bonnat... *(Lisant la dédicace du portrait.)* « A mon ami, Jules Grévy. » Ah!... c'est à M. Grévy!... *(A Folleuil.)* Comment le trouvez-vous, ce portrait?...

FOLLEUIL. — Je trouve qu'il manque d'actualité?...

L'ÉPOUSE DU MINISTRE. — Oui, mais c'est superbe. . puisque c'est de Bonnat !...

FOLLEUIL. — . . . .

MADAME DABANDON, *s'arrêtant devant le tableau de Doucet.* — Ah !... c'est gentil, ça !...

L'ÉPOUSE DU MINISTRE. — Oui... qu'est-ce que ça représente?... Ça doit être une mère qui va gronder son fils... parce qu'il rentre en retard...

UN DES SEIGNEURS SANS IMPORTANCE,

regardant le catalogue. — Non... ça s'appelle *Flirt*...

L'ÉPOUSE DU MINISTRE. — Un joli nom !...

MADAME DABANDON. — Le petit bonhomme est gentil !... il ressemble au duc d'Orléans...

LE MINISTRE, *se bouchant les oreilles.* — Oh !... ne parlons pas du duc d'Orléans !...

FOLLEUIL. — C'est moi qui vous gêne ?...

LE MINISTRE. — Pas du tout !... mais tu comprends, je n'entends parler que de ça au Conseil... et ailleurs... ça commence à être embêtant à la fin !...

MADAME DABANDON, *au ministre.* — Je pense que vous allez le lâcher, le duc d'Orléans, hein ?...

LE MINISTRE, *bondissant.* — Le lâ-

cher?... le lâcher ?... mais jamais de la
vie !... quand je dis jamais de la vie, c'est
une façon de parler... on le lâchera...
peut-être, le 14 juillet...

FOLLEUIL. — S'il est bien sage?...

MADAME DABANDON. — Tenez, c'est
idiot, ce que vous faites là !... *(Mouve-*
ment du ministre.) Oui... idiot !...
Elle s'éloigne et va regarder les tableaux
avec affectation.

LE MINISTRE, *la suivant.* — Madame...
Voyons?...

L'ÉPOUSE DU MINISTRE, *bas, à son*
mari. — Laisse-la donc faire sa tête !...
qu'est-ce que ça te fait?...

LE MINISTRE, *très agité.* — Mais... ça
me fait beaucoup !... *(Se reprenant.)* c'est-
à-dire... ça m'est égal... au fond... mais
pour la forme... à cause de Dabandon...

L'ÉPOUSE DU MINISTRE. — Bah !...

il n'y fait pas attention !... pauvre homme !...

LE MINISTRE, *préoccupé et distrait.*
— Pauvre homme !... pourquoi pauvre homme ?... il n'est pas à plaindre, Dabandon !...

L'ÉPOUSE DU MINISTRE. — Pas à plaindre ?... tu trouves ça, toi ?... avec une femme pareille ?...

LE MINISTRE, *de plus en plus préoccupé, regardant toujours madame Dabandon que Folleuil vient de rejoindre sournoisement.* — Mais c'est précisément parce qu'il a une femme pareille qu'il n'est pas à plaindre, l'animal !... car c'est une femme...

Il fait claquer sa langue.

L'ÉPOUSE DU MINISTRE. — Oui... Eh bien ! sais-tu ce qu'elle fait, cette femme ?... (*Elle fait aussi claquer sa langue.*)... elle trompe effrontément son mari... elle le trompe depuis qu'elle est mariée...

LE MINISTRE, *contrarié*. — Depuis qu'elle est mariée?... comment ça?...

L'ÉPOUSE DU MINISTRE, *continuant*. — Et dans ce moment même... avec un homme politique très en vue, paraît-il...

LE MINISTRE, *sursautant*. — Qui est-ce qui t'a dit ça?...

L'ÉPOUSE DU MINISTRE. — Je l'ai lu dans le journal... Oh!... il n'y a pas à s'y tromper, elle est désignée trop claire- ment... « la jolie madame D... » ... et Dabandon aussi est désigné... « un haut fonctionnaire étroitement attaché par les liens de la reconnaissance au gouverne- ment actuel, etc..., etc... » Tu vois si c'est clair?...

LE MINISTRE, *inquiet*. — Et le... l'au- tre?... l'homme politique?...

1.

L'ÉPOUSE DU MINISTRE. — Celui-là n'est pas désigné... on dit seulement : « Un homme politique qui occupe en ce moment une grande situation. » Sais-tu qui c'est, toi?...

LE MINISTRE, *à part, respirant.* — Ouf!... j'ai eu une de ces frousses!... *(Haut.)* Dans quel journal as-tu vu ça?...

L'ÉPOUSE DU MINISTRE. — Dans *la Bataille*, je crois...

LE MINISTRE, *à part.* — Le journal du ministère!... c'est raide tout de même!

L'ÉPOUSE DU MINISTRE. — On disait aussi « qu'ayant arraché audit homme politique une place encore plus élevée et la croix de commandeur pour son mari, et ne pouvant en tirer rien de plus, elle était bien décidée à le lâcher... »

LE MINISTRE. — D.abandon?

L'ÉPOUSE DU MINISTRE. — Mais non!...
l'homme politique...

LE MINISTRE, *anéanti.* — Oh !... on
disait ça!... *(A M. Dabandon qui s'approche pour lui faire admirer un tableau.)*
Votre femme me boude tout à fait, mon
cher... je vais tâcher de faire ma paix
avec elle...

M. DABANDON, *offrant son bras à la
femme du ministre.* — Venez voir, madame, combien ce tableau est joli... et
délicieusement fini... c'est de Toul-
mouche...

L'ÉPOUSE DU MINISTRE. — C'est di-
vin !... *(Elle passe son doigt sur la toile.)*
et il n'y a rien de rugueux, au moins !...
rien qui arrête le doigt...

M. DABANDON. — Ni l'œil... c'est
idéal !...

LE MINISTRE, *rejoignant madame Da-*

bandon qui cause avec Folleuil. — Alors, décidément, vous boudez?... *(Folleuil s'éloigne discrètement.)* Vous ne répondez pas?...

MADAME DABANDON. — . . . . .

LE MINISTRE, *bas.* — Titine!... voyons, Titine, ça n'est pas sérieux?... on croirait vraiment que je peux à mon gré rendre la liberté au petit d'Orléans...

MADAME DABANDON. — Vous pouviez au moins protester... protester d'une façon tapageuse...

LE MINISTRE. — Mais pourquoi protester, sapristi!... pourquoi?...

MADAME DABANDON. — Parce que les journaux eussent enregistré votre protestation et que... plus tard... si par hasard... enfin, on ne sait pas ce qui peut arriver... n'est-ce pas?...

LE MINISTRE. — Eh bien?...

MADAME DABANDON. — Eh bien, c'était une porte ouverte pour rentrer aux affaires avec les hommes de l'avenir...

LE MINISTRE. — C'était surtout une porte ouverte pour en sortir... avec les hommes du présent...

FOLLEUIL, *revenant*. — J'entends que vous parlez politique... alors on peut se rapprocher sans être indiscret ?...

LE MINISTRE. — Madame Dabandon est en train d'attaquer la politique du cabinet...

FOLLEUIL. — Ça n'est pas généreux !... car il ne peut vraiment pas se défendre, ce pauvre cabinet !

LE MINISTRE. — Enfin, il est composé d'hommes d'une grande valeur...

FOLLEUIL. — Ah bah !...

LE MINISTRE. — Les connais-tu seulement, pour les juger ?...

FOLLEUIL. — Mon Dieu, je les connais... comme tout le monde les connaît... par leurs bévues...

LE MINISTRE. — Certes, il y a bien par-ci par-là quelques taches... je te l'accorde... ainsi il est fâcheux que Spuller soit au quai d'Orsay!...

FOLLEUIL, *distrait, occupé de madame Dabandon.* — Ah!... il est au quai d'Orsay!...

LE MINISTRE, *étonné.* — Comment... tu ne croyais pas qu'il était aux affaires étrangères?...

FOLLEUIL, *toujours distrait.* — Je croyais plutôt qu'il était étranger aux affaires...

LE MINISTRE. — Tu le connais?...

FOLLEUIL. — De vue...

LE MINISTRE. — Enfin, l'as-tu déjà entendu parler?...

FOLLEUIL. — Non... Ah ! si pourtant... l'autre jour à la première de *Margot*... j'ai eu ce plaisir...

LE MINISTRE. — Il est venu dans une loge où tu étais ?

FOLLEUIL. — Non pas... il était dans son... dans votre avant-scène... moi j'étais à mon fauteuil... mais il a interpellé mademoiselle Reichenberg de la plus galante façon...

MADAME DABANDON. — Ah !... vous avez entendu ?...

FOLLEUIL. — J'ai eu cette joie !... comme toute la salle, du reste... oh !... l'effet a porté !...

M. DABANDON, *se rapprochant, remorquant toujours la femme du ministre.* — Comment ça ?... je ne sais rien, moi !...

MADAME DABANDON. — Vous ne savez jamais rien, mon ami !...

LA FEMME DU MINISTRE. — Moi non plus, je ne sais pas!...

FOLLEUIL. — Oh!... c'est bien simple!... le dernier acte ne marchait pas absolument tout seul... Mademoiselle Reichenberg était avec Febvre à l'avant-scène et jouait divinement, au milieu d'un silence profond, une scène un peu... osée... A un moment, elle dit à Febvre : « *Vous vous moquez de moi?* »... ou quelque chose d'approchant... alors, d'une voix grasse, M. le ministre des affaires étrangères a lancé à la jolie petite Margot cette réplique courtoise :

« Eh ben, et nous donc! »

LE MINISTRE. — Il est indécrottable!... et le plus fort, c'est qu'il se croit une importance...

FOLLEUIL. — Vous vous croyez tous une importance...

LE MINISTRE. — Mais lui c'est à tort !...

FOLLEUIL. — C'est pas comme les autres !...

MADAME DABANDON. — Lui, il est « nécessaire à la paix de l'Europe !... »

Tout le monde rit.

FOLLEUIL, *surpris.* — Pourquoi ?... qui est-ce qui dit ça ?...

LE MINISTRE. — Lui !... ou plutôt un rastaquouère quelconque qui, ne sachant que dire au ministre à une réception diplomatique, a eu l'aplomb de trouver celle-là... et depuis, quand les compliments sont moins intenses, ou les admirations plus calmes, il ne peut pas y tenir et il demande : « Est-ce que vous ne pensez pas que je suis nécessaire à la paix de l'Europe? » On est d'abord étonné, tu comprends?... et puis on répond :

« Comment donc, monsieur le ministre, mais vous êtes absolument nécessaire à la paix de l'Europe »...

FOLLEUIL. — On est diplomate ou on ne l'est pas !...

LE MINISTRE. — Eh bien, et Tirard?... si tu voyais Tirard donc !...

FOLLEUIL. — Je le vois... à cheval...

LE MINISTRE. — Ça ne suffit pas !... une cruche, mon ami, une vraie cruche !... en voilà un qui t'amuserait...

FOLLEUIL. — Crois-tu?...

LE MINISTRE. — Il a des mots immenses !... Ainsi figure-toi... l'autre jour à la Chambre, quelqu'un, je ne me rappelle plus qui, l'a envoyé paître assez vivement... sais tu ce qu'il a répondu?...

FOLLEUIL. — Je ne m'en doute pas !...

LE MINISTRE. — Il s'est écrié : « On

n'aurait pas dit ça à M. Guizot, monsieur!... »

M. DABANDON, *riant niaisement*. —
Est-ce assez bête ?...

FOLLEUIL, *le regardant d'un air aimable.*
— Bah!... on voit un tas de gens qui,
s'ils étaient ministres, en diraient de bien
plus bêtes que ça !... Enfin, vous ne l'aimez pas, ce pauvre M. Tirard ?...

LE MINISTRE, *avec bonhomie.* — S'il se
contentait d'être nul et maladroit, on ne
dirait encore trop rien... mais il est gê-
nant, l'animal !... avec ses velléités —
simulées ou sincères — d'honnêteté...

FOLLEUIL. — Bah!... vous avez Constans pour vous dédommager...

LE MINISTRE. — Ah! parlons-en !...
une canaille! un intrigant !... qui semble
s'attribuer tout ce qui réussit !...

FOLLEUIL. — Vous n'êtes peut-être

pas très forts ?... *(Mouvement du ministre.)*
mais vous êtes si unis !...

LE MINISTRE. — Tu ne vas pas défendre Constans, j'imagine ?

FOLLEUIL. — Si fait !... il m'intéresse !... lui, au moins, il a une valeur !...
(Mouvement du ministre.) Toi aussi, tu as
une valeur, mais c'est un autre genre de
valeur... vous devriez l'écouter, vois-tu ?...
il vous éviterait bien des gaffes...

MADAME DABANDON. — Celle du duc
d'Orléans, par exemple !...

LE MINISTRE, *agacé.* — Encore !...

FOLLEUIL. — Encore et toujours... et
jamais assez !... Il est impossible d'agir
plus — disons gauchement, pour être
poli — que vous ne l'avez fait... le petit
duc a maintenant, grâce à vous, — et
ce n'est pas moi qui m'en plaindrai, —
un commencement de popularité, popu-

larité de bon aloi en somme, et qui...

M. DABANDON, *protestant*. — Permettez, monsieur, permettez?...

FOLLEUIL, *continuant*. — Qui grandira à la première occasion...

LE MINISTRE. — Nous saurons bien empêcher ça...

FOLLEUIL. — Vous?... vous empêcherez quelque chose?...

M. DABANDON. — Nous saurons faire respecter le pouvoir...

Madame Dabandon hausse les épaules.

LE MINISTRE. — Le pouvoir si honorablement représenté par M. Carnot... car enfin, il est honorable, Carnot!... je pense que tu reconnais son honorabilité?...

FOLLEUIL. — Ça dépend du sens qu'on attache au mot... je suis convaincu que M. Carnot dépense largement son traitement, qu'il ne tripote pas, qu'il a des mœurs pures... un point c'est tout!... quant à son honorabilité politique... flûte!...

LE MINISTRE. — Mon Dieu... on peut évidemment lui reprocher quelques gaffes... je sais qu'en certaines circonstances on aurait pu lui demander un peu plus de doigté...

FOLLEUIL. — C'eût été abuser... demande-t-on à un prunier de produire des roses?...

M. DABANDON. — Eh bien, monsieur, je souhaite à la République beaucoup de présidents de la trempe de M. Carnot... puisse la race s'en perpétuer en France!...

FOLLEUIL. — Les Carnovingiens!...

Madame Dabandon rit, le ministre la regarde
avec inquiétude.

M. DABANDON. — Mon cher Lagrathe,

il faut que je vous quitte... j'ai rendez-
vous à la Chambre à quatre heures avec
notre ami Payrnéfas... Dites-moi, décidément... qu'est-ce qu'il faut lui dire?...

LE MINISTRE. — Vous lui direz...

*Il l'entraîne à l'écart et lui parle avec
animation.*

FOLLEUIL, *offrant le bras à madame
Dabandon et lui indiquant de l'œil le ministre.* — Est-il plus amusant dans l'inti-
mité, au moins?...

MADAME DABANDON. — Qui ça?...
mon mari?...

FOLLEUIL. — Eh non? Lagrathe?
votre mari, ça m'est égal!...

MADAME DABANDON, *réservée.* — Mais...
monsieur...

FOLLEUIL. — Oh!... des cachotte-
ries!... à ce vieux Folleuil qui la connaît
dans les coins?... pas gentil ça!...(*Silence.*)

Dites donc?... vous ne voulez pas m'aimer un petit peu... pour changer?... car vous n'avez pas idée comme ça vous change-rait?... Non, vrai, essayez pour voir?...

LE MINISTRE, *revenant rapidement re-morquant son épouse et les seigneurs sans im-portance.* — Nous partons!... *(A madame Dabandon.)* Dabandon a pris votre voiture pour aller à la Chambre... nous vous reconduisons... c'est convenu...

On arrive dans la cour, il pleut à torrents.

LE MINISTRE, *sortant et regardant dans la rue.* — Nous n'avons pas de valet de pied... j'avais dit au cocher de se mettre là... il n'y est pas!...

UN SERGENT DE VILLE. — Défendu de stationner dans la rue... il est sur la place...

LE MINISTRE. — Quand je donne un ordre...

LE SERGENT DE VILLE. — Y a pas d'ordre qui tienne...

LE MINISTRE, *le prenant de très haut.* — Je vous apprendrai à qui vous parlez...

LE SERGENT DE VILLE, *le prenant par le bras.* — Avez-vous fini d'gueuler, vous?... on croirait, ma parole, que vous êtes du Conseil municipal!...

LE MINISTRE, *découragé.* — Le plus court est encore d'aller chercher la voiture... je reviens...

Il se précipite tête baissée sous la pluie.

L'ÉPOUSE DU MINISTRE. — Je ne te quitte pas...

Elle s'élance derrière lui, dans la boue. — Folleuil envoie chercher une des voitures du cercle, y fait monter madame Dabandon et y monte avec elle. Tête des seigneurs sans importance.

2

AU BAL DE L'HOTEL DE VILLE

AU BAL DE L'HOTEL DE VILLE

M. JOSEPH LAGRATHE *(le onzième ministre)* donnant le bras à madame Dabandon.

MADAME DABANDON, robe de peau de soie « cuisse de nymphe », prodigieusement collante et infiniment décolletée, mais convenable. Le corsage ne bouge pas et ce qu'il montre est « marmoréen ».

M. DABANDON, donnant le bras à l'épouse du ministre.

L'ÉPOUSE DU MINISTRE, robe de velours groseille, très peu décolletée, mais

2.

absolument indécente ; débordement
complet, qui fait songer à des sables
mouvants.

Ils avancent péniblement à travers la foule.

M. DABANDON, *à la femme du ministre.*
— Que ce bal est beau!...

L'ÉPOUSE DU MINISTRE, *avec conviction.* — Magnifique!... Prenez garde de
perdre mon mari!...

M. DABANDON. — Nous le suivons...
nous le suivons!...

MADAME DABANDON, *au ministre.* — Si
nous sortions de cette horrible foule?...

LE MINISTRE. — Ça ne vous amuse
pas!... c'est curieux à étudier, pourtant?...

MADAME DABANDON. — Pas pour
moi!... j'ai horreur de l'étude!... sous
quelque forme qu'elle se présente... et

puis, si vous croyez que c'est drôle pour
moi, de me promener comme ça escor-
tée de votre femme?...

LE MINISTRE. — Oh!... elle ne nous
écoute pas!... et elle ne se doute pas
de...

MADAME DABANDON. — Et qu'est-ce
que ça me fait qu'elle nous écoute?... et
même qu'elle se doute de tout ce qu'elle
voudra?... je m'en fiche un peu, par
exemple!... non!... ce qui est rageant,
c'est de traîner dans ses jupes un paquet
de ce calibre-là!... tout le monde la regarde!...

LE MINISTRE, *jetant un coup d'œil furtif
sur sa femme.* — Pauvre Léonie!... elle a
des qualités... elle aime...

MADAME DABANDON, *interrompant.* —
Sa mère?... malheureusement elle n'a
pas de beaux cheveux!...

LE MINISTRE. — Vous dites ?...

MADAME DABANDON. — Rien... c'est que, vous savez, quand on parle d'un ange de difficile défaite pour cause de laideur intransigeante, on dit toujours : « Elle a de beaux cheveux, elle aime sa mère, et elle fait ses robes elle-même!... » si après ça le monsieur n'est pas emballé, c'est qu'il est difficile!...

LE MINISTRE, *interloqué*. — Mais...

MADAME DABANDON, *regardant madame Lagrathe et M. Dabandon qui font des efforts inouïs pour les suivre.* — En attendant, elle continue à nous cramponner... si vous ne la perdez pas, je vous lâche, moi!...

LE MINISTRE, *inquiet.* — Vous me lâchez?... et qu'est-ce que vous ferez?... vous ne pouvez pas vous promener toute seule là dedans?...

MADAME DABANDON. — Toute seule?...
(Riant.) Oh! soyez paisible, je ne serai
pas longtemps toute seule!...

LE MINISTRE, *bas*. — Titine!... ne parle
pas ainsi... même pour plaisanter!... ça
me retourne...

FOLLEUIL, *s'approchant en jouant des
coudes et s'inclinant devant madame Dabandon*. — Madame!...

MADAME DABANDON, *ravie*. — Comment?... vous voilà ici?... vous venez au
bal de la Ville, vous?...

                    Elle lui tend la main.

FOLLEUIL, *lui baisant la main*. — Et
pourquoi n'y viendrais-je pas?... je ne
suis pas fier, moi!...

LE MINISTRE. — Et tu vas bien depuis l'autre jour?...

FOLLEUIL. — Pas mal... *(S'inclinant
profondément devant la femme du ministre,*

qui est enfin parvenue à les rejoindre.) Madame, j'ai l'honneur de vous présenter
mes hommages...

Il salue M. Dabandon.

L'ÉPOUSE DU MINISTRE, *à part.* —
Pourquoi ne me baise-t-il pas la main
comme à elle?... tout le monde regardait
tout à l'heure... ça faisait un effet!... ça
a l'air comme si on serait des princes!...
ça flatte!... *(Haut à Folleuil.)* Et vous allez bien depuis l'autre jour?...

FOLLEUIL. — Pas mal, madame, je
vous remercie...

L'ÉPOUSE DU MINISTRE. — Trouvez-
vous le bal beau?...

FOLLEUIL. — Je suis en extase!...
Comme toilettes, ça laisse bien un tanti-
net à désirer... il y a quelques bottines
de feutre et quelques gants nettoyés au
pétrole... mais bast!... si on veut avoir

l'œil pointu et le nez fin, mieux vaut
rester chez soi...

LE MINISTRE, *regardant une femme qui
passe au bras d'un monsieur qui salue.* —
Mâtin !... la belle femme que promène
cet animal de Débrouillar !... est-ce que
ce serait la sienne ?...

FOLLEUIL, *riant.* — Non... je ne connais pas monsieur... je ne me rappelle
plus le nom que tu viens de dire...

LE MINISTRE. — Débrouillar... tu
sais bien !... l'affaire Débrouillar-Dela-
tamize...

FOLLEUIL. — Les mines de savon du
Congo ?...

LE MINISTRE. — Tu y es !... Eh bien,
c'est lui !...

FOLLEUIL, *ahuri* — Celui qui a été
condamné ?...

LE MINISTRE. — Celui-là même !...

(*Embarrassé.*) Tu trouves peut-être bizarre de me voir le saluer?...

FOLLEUIL, *sincère.* — Oh! pas du tout!...

MADAME DABANDON. — Vous disiez tout à l'heure que cette dame... (*Pointue.*) cette dame qui fait l'admiration de M. Lagrathe, n'était pas la femme de M. Débrouillar... vous la connaissez?...

FOLLEUIL. — Je la connais...

LE MINISTRE, *vivement.* — Comment s'appelle-t-elle?...

FOLLEUIL. — Diane d'Orchydée...

L'ÉPOUSE DU MINISTRE. — C'est un drôle de nom?...

FOLLEUIL. — C'est celui qu'elle a choisi... du vrai, elle s'appelle Adélaïde Cruchon...

M. DABANDON. — Mais alors, c'est une cocotte?...

FOLLEUIL. — N'en doutez pas...

LE MINISTRE, *content*. — Ah! c'est
une cocotte!...

MADAME DABANDON, *vexée, au ministre*.
— M. Débrouillar a de l'aplomb, d'avoir
osé vous saluer ayant au bras cette créa-
ture, lorsque vous étiez avec moi...

L'ÉPOUSE DU MINISTRE, *rectifiant*. —
Avec nous!... *(A part.)* il n'y en a que
pour elle, ma parole!...

LE MINISTRE, *regardant le défilé*. — Il
est certain que le monde qui est ici est
un peu... comment dirai-je... enfin, il est
un peu... interlope...

FOLLEUIL. — Lope, surtout!...

UN MONSIEUR *s'approche et salue d'un
air compassé*.

LE MINISTRE, *présentant le monsieur à
Folleuil*. — M. Beynaif... député d'Indre-
et-Saône... un de nos futurs ministres.

3

LE MONSIEUR, *souriant d'un air modestement important.* — Oh!... ministre!...

LE MINISTRE, *présentant Folleuil.* — M. le comte de Folleuil, un de mes bons amis...

FOLLEUIL, *s'inclinant.* — Monsieur... *(Au ministre.)* Tu sais que je ne suis pas comte?... je le regrette, mais...

LE MINISTRE. — Tu m'étonnes !... je me souviens pourtant que, quand ton oncle de Folleuil venait te voir au Quartier... il était comte?...

FOLLEUIL. — Il l'est toujours... mais ça ne fait pas que je le sois !... tous les enfants d'une famille ne s'enfilent pas sur un titre comme des oiseaux sur une brochette...

LE MINISTRE. — C'était un bon type, ton oncle !... te rappelles-tu quand nous le faisions jouer au billard à Procope ?... qu'est-ce qu'il est devenu ?...

FOLLEUIL. — Vous l'avez invalidé der-
nièrement...

LE MINISTRE. — Ah bah!... je suis
désolé qu'on l'ait invalidé!...

FOLLEUIL. — Lui aussi!... enfin!...
il en sera quitte pour recommencer...

M. BEYNAIF. — Oui... mais cette fois,
il ne passera pas!...

FOLLEUIL, *qui sait que son oncle, qui avait
eu quinze cents voix de majorité, en aura
davantage aux prochaines élections.* — C'est
probable !... mais que voulez-vous,
il faut payer de sa personne, ne pas
lâcher les électeurs qui ont eu confiance et qui, espérant peut-être — les
naïfs — que cette fois on respectera
leur décision, vont s'acharner sur le
cadavre...

M. BEYNAIF. — Cadavre, en effet...

FOLLEUIL, *s'inclinant.* — Mais, cadavre récalcitrant...

MADAME DABANDON, *voulant rompre les chiens.* — Voilà le président qui arrive!...

Le ministre ne se retourne même pas.

FOLLEUIL, *regardant.* — Tiens!... oui! les Carnot!...

L'ÉPOUSE DU MINISTRE, *se dressant sur ses pointes.* — Encore une robe neuve!... *(A madame Dabandon.)* Quelle étoffe, hein?... ça se tient tout droit!... on lui aura encore donné ça quelque part...

MADAME DABANDON. — . . . . .

FOLLEUIL, *regardant toujours.* — Madame Carnot a des dames d'honneur, à présent?... je ne savais pas ça, moi!... une!... deux!... trois!... quatre!... cinq!... cinq dames d'honneur à la fois!... c'est très chic!... excessivement chic!...

L'ÉPOUSE DU MINISTRE, *aigre*. — En effet !... l'impératrice n'en avait jamais que deux...

FOLLEUIL. — Oui... mais elles étaient jolies !... ça se balance !...

L'ÉPOUSE DU MINISTRE, *à Folleuil*. — Comment les trouvez-vous, les Carnot ?...

FOLLEUIL. — Mon Dieu... je vous avouerai que je ne les cherche pas !... et que, d'ailleurs, je ne les ai jamais tant vus qu'aujourd'hui...

LE MINISTRE. — Enfin, aujourd'hui, quel effet te font-ils ?...

FOLLEUIL. — Un très léger effet... pour être franc !... il me semble que M. Carnot manque d'ampleur et de prestige... et que le père Grévy avait une autre bobine et représentait autrement que ça...

L'ÉPOUSE DU MINISTRE. — Et madame Carnot?...

FOLLEUIL. — Oh!... madame Carnot a infiniment meilleur air que madame Grévy...

Un monsieur s'approche. — Saluts, poignées de main, etc., etc.

LE MINISTRE, *présentant le monsieur à Folleuil.* — M. Payrnéfas... député des Landes-Occidentales... un de nos futurs ministres... *(Folleuil salue.)* M. le comte de Folleuil...

FOLLEUIL, *à part.* — Il y tient!...

M. DABANDON, *repoussé tout à coup par un mouvement de la foule contre la femme du ministre à laquelle il donne toujours le bras.* — Oh!... pardon, madame!... je ne sais quel incident s'est produit?...

M. PAYRNÉFAS, *regardant.* — C'est la promenade des Carnot!...

L'ÉPOUSE DU MINISTRE, *dévorant des yeux madame Carnot qui passe, admirablement bien habillée.* — Sa robe ne va pas!... elle fait des plis dans le dos!... *(A Folleuil.)* Tenez?... regardez, monsieur... regardez... voyez-vous?... là?... à la taille?... *(Elle continue à suivre des yeux madame Carnot.)* vous ne les avez pas vus?...

FOLLEUIL. — Les plis?... non!... mais qu'est-ce que ça fait?... pourvu que vous ayez eu, vous, la joie de les voir?... *(Riant.)* car ça vous fait plaisir, n'est-ce pas?...

L'ÉPOUSE DU MINISTRE. — Ah!... je vous en réponds!... on m'aurait donné cent sous que ça ne m'aurait pas fait plus de plaisir!!!...

FOLLEUIL. — . . . . . *(A part, regardant quelle tête fait le ministre qui ne bronche pas.)* Ils sont faits l'un pour l'autre !...

M. PAYRNÉFAS, *regardant toutes les femmes qui passent avec mépris, surtout quand elles sont élégantes.* — Quelles toilettes !... quel envahissement du luxe !... ce qui me frappe, c'est le nombre des femmes qui se pressent à cette fête !... il y a plus de femmes que d'hommes, je le parierais?...

LE MINISTRE. — Vous perdriez...

M. PAYRNÉFAS. — Ah !... nous sommes loin du temps où la femme, ne vivant et ne se parant que pour l'époux, restait à filer la laine à son foyer !...

FOLLEUIL. — Dans ce temps-là, c'était très gentil, tout ça !... seulement, aujourd'hui que « l'époux » vit au cercle, et que le « foyer » est un Choubersky... ça n'est pas très tentant, cette vie-là !...

M. PAYRNÉFAS. — Une honnête femme
doit savoir s'en contenter, monsieur!...
elle doit servir son mari... élever ses enfants pour son pays, les lui sacrifier avec
bonheur... et pratiquer les vertus civi-
ques...

FOLLEUIL. — Fi!... on croirait que
vous parlez d'un vieux Romain!...

      Un monsieur passe et salue.

LE MINISTRE, *étonné.* — Reicherschloss!... comment?... ils l'ont relâché!...

M. BEYNAIF. — Il le fallait!...

LE MINISTRE. — Ben, ça m'étonne!...
quand j'ai su que le parquet mettait le
nez dans ses affaires, je me suis dit :
« toi, mon bonhomme, tu es frit!... »

FOLLEUIL. — On pouvait le croire sans
être téméraire!... Eh bien! pas du tout!...

LE MINISTRE. — Qu'est-ce qui est
arrivé?...

                      3.

FOLLEUIL. — Il est arrivé que, quand le parquet a eu mis son nez dans les affaires de Reicherschloss, il a reculé... et Dieu sait pourtant s'il doit être blindé, le nez du parquet!...

LE MINISTRE, *quittant le bras de madame Dabandon.* — Pardon... j'ai un mot à dire à Toumédu qui passe... je reviens...

L'ÉPOUSE DU MINISTRE. — Oui, n'est-ce pas?... reviens?... je n'ai pas envie de traîner mes guêtres ici jusqu'à deux heures du matin, moi!...

FOLLEUIL, *bas, à madame Dabandon à laquelle il vient d'offrir son bras.* — Dites-moi?... il a donc épousé sa cuisinière, Lagrathe?...

MADAME DABANDON. — Pas la sienne! celle d'un de ses amis!...

FOLLEUIL, *encore plus bas.* — Quand me recevrez-vous?...

MADAME DABANDON. — Je reçois le mardi... *(Mouvement de Folleuil.)* Qu'est-ce que vous regardez?...

FOLLEUIL. — Je croyais que Lagrathe écoutait, moi!... je ne pensais pas que vous me racontiez des couleurs pour moi tout seul...

MADAME DABANDON. — Mais...

FOLLEUIL. — Je ne vous demande pas d'aller vous faire une visite à votre jour... avec tous les petits crétins d'attachés de ministères, ou toutes les belles madames de la R. F., si tant est que la R. F. ait des belles madames!... je vous demande un jour pour moi tout seul... comprenez-vous...? et une heure itou?... est-ce clair?... à moins que vous ne préfériez venir me voir?...

MADAME DABANDON. —. . . . . . .

FOLLEUIL. — Est-ce que vous avez

conservé un mauvais souvenir de notre petit retour de l'autre jour?... vous savez bien... dans le fiacre?... venez donc me voir bravement, allez!... on peut faire ça... j'ai des collections?...

M. DABANDON, *au ministre qui revient.* — Eh bien!... il tient, Bourgeois?...

LE MINISTRE. — Mon Dieu, oui!...

FOLLEUIL. — Comment?... on ne va pas reprendre Constans et renvoyer Tirard?...

LE MINISTRE. — Eh!... c'est très difficile, à cause de Carnot!... Carnot est excellent... il est bon pour le Conseil comme pour sa famille... il craint de froisser... il est évidemment très reconnaissant à Constans de la façon dont il a mené les élections... mais, d'autre part, il aime beaucoup Tirard... et dame, alors, il est tiraillé...

FOLLEUIL. — Ce pauvre Carnot !... il aime sa famille... il aime Constans !... il aime Tirard !... il aime tout le monde... excepté la France !... pas de veine, la France !...

L'ÉPOUSE DU MINISTRE. — Joseph !... viens nous coucher ?...

AU CONCOURS HIPPIQUE

AU CONCOURS HIPPIQUE

M. BENJAMIN L'OIE-JUSTELOIE. Homme politique, juif et intelligent. Officier d'ordonnance du général de Malinchant à ses moments perdus.

M. JOSEPH LAGRATHE (*onzième ministre*).

MADAME LÉONIE LAGRATHE.

MADAME DABANDON.

M. DABANDON.

FOLLEUIL.

QUELQUES SEIGNEURS OFFICIELS SANS IMPORTANCE.

M. Benjamin L'Oie-Justeloie, le ministre, l'épouse du ministre, les Dabandon et les seigneurs officiels sans importance, sont assis dans une tribune où ils semblent s'ennuyer profondément.

L'ÉPOUSE DU MINISTRE, *au ministre, regardant avec admiration un cavalier qui est tombé et remonte à cheval.* — Est-ce que c'est difficile, ce qu'il vient de faire là ?...

LE MINISTRE. — Je l'ignore, ma bonne amie... j'ai eu la chance de ne jamais tomber... complètement... il est vrai que je suis monté bien rarement à cheval...

MADAME DABANDON, *toisant dédaigneusement le ministre.* — Vous ne devriez pas vous vanter de ça !... un homme qui ne monte pas à cheval n'est pas un homme !...

LE MINISTRE, *navré, protestant.* — Mais cependant...

L'ÉPOUSE DU MINISTRE, *à part.* — Est-elle malhonnête ?...

M. BENJAMIN L'OIE-JUSTELOIE, *négligemment, louchant sur madame Dabandon.* — Moi, je monte au Bois chaque matin...

MADAME DABANDON, *indifférente.* — Ah !... vraiment ?... *(A part.)* — Ça m'est égal !... lui, il est trop laid !...

UN DES SEIGNEURS OFFICIELS SANS IMPORTANCE, *louchant également sur madame Dabandon.* — Moi... je monte le plus souvent que je peux !...

UN AUTRE SEIGNEUR, ETC., ETC... — Moi aussi... mais je ne peux que le dimanche...

LE MINISTRE, *apercevant Folleuil qui longe la piste.* — Ah !... Folleuil !.. voilà Folleuil !...

Il se penche au-dessus de deux rangs de spectateurs et lui touche l'épaule du bout de sa canne. Folleuil lève le nez et salue très profondément l'épouse du ministre.

LE MINISTRE, *criant.* — Viens donc par ici !... viens t'asseoir !... nous allons te faire de la place !...

FOLLEUIL, *indiquant une autre tribune.* — Je ne peux pas !... on m'attend là-bas !... impossi... *(Apercevant madame Dabandon.)* Ah !... si... tout de même !... *(Il entre dans la tribune et, au lieu de prendre la place que le ministre lui indique entre son épouse et lui, il le repousse et s'insinue entre lui et madame Dabandon.)* je rejoindrai mes amis après...

LE MINISTRE, *d'un ton de reproche.* — Ne sommes-nous donc pas tes amis, nous ?...

FOLLEUIL, *sans enthousiasme.* — Mais

si... mais comment donc !... tu vois bien
que je reste...

L'ÉPOUSE DU MINISTRE. — Ah ! tant
mieux !... vous nous nommerez tous les
cavaliers ?...

FOLLEUIL. — Avec plaisir, madame...
je vais demander un programme...

L'ÉPOUSE DU MINISTRE, *étonnée*. —
Comment ?... vous ne les connaissez pas
tous ?...

FOLLEUIL. — Mais en vérité, non !...
d'abord tous les ans il y a des recrues...
ensuite l'équitation « genre concours hippique » m'intéresse assez peu... je suis,
moi, un vieux chasseur et un vieux
jockey...

L'ÉPOUSE DU MINISTRE. — Ah !...

FOLLEUIL. — Disons un vieil encroûté,
pour me faire mieux comprendre... Eh
bien, je n'admets pas cette façon de faire

sauter les chevaux dans un petit espace...
je trouve ça ridicule et embêtant... dans
ce cas, j'aime mieux le cirque...

LE MINISTRE. — Mais c'est encore plus
petit...

FOLLEUIL. — Oui, mais c'est meilleur
enfant...

LE MINISTRE. — Si tu trouves ça embêtant... pourquoi y viens-tu ?...

FOLLEUIL. — Pour y rencontrer de jolies femmes... *(Il s'incline vers madame
Dabandon, l'épouse du ministre fait une tête.)*
Vous avez une toilette d'un chic !... comment ça s'appelle-t-il, ces petits machins
sur le... au... bas de la taille...

MADAME DABANDON. — Des coussinets
Valois...

FOLLEUIL *pensif*. — Des coussinets... je
préférerais un autre nom !... coussinets...
ce nom éveille une idée de rembour-

rage... (*Mouvement du ministre.*) Oh !...
je sais bien que madame n'en a pas
besoin...

M. L'OIE-JUSTELOIE, *gracieux*. — Tout
le monde le sait !...

FOLLEUIL, *à part*. — Tout le monde !...
c'est peut-être excessif !...

M. DABANDON, *enthousiasmé*. — Ah !...
le beau cheval !... regardez, monsieur de
Folleuil... vous qui êtes connaisseur...

FOLLEUIL, *regardant*. — Heu !... heu !...
trop d'air sous le ventre...

L'ÉPOUSE DU MINISTRE, *douloureuse-
ment*. — Ça lui fait mal ?...

*Tout le monde regarde le cheval d'un air
attendri.*

FOLLEUIL. — Aucunement... c'est
comme si vous av... pardon... comme si
j'avais les jambes trop longues... ce qui
est, d'ailleurs !. .

L'ÉPOUSE DU MINISTRE. — Ah ! tant mieux !...

FOLLEUIL. — Trop heureux que cette imperfection vous réjouisse...

L'ÉPOUSE DU MINISTRE. —Mais non... je veux dire : tant mieux si le cheval ne souffre pas...

Un brouhaha se produit dans la tribune.

FOLLEUIL, *regardant dans la direction du brouhaha.* — Gare !... v'là Israël !...

LE MINISTRE ET SON ÉPOUSE, *se penchant précipitamment pour voir entrer plusieurs femmes très élégantes.* — Oh !... est-ce que ce sont les baronnes ?... nous voudrions tant les voir !... sont-ce elles ?...

FOLLEUIL, *au ministre.* — « C'en sont !... » du moins, « c'en est » une... mais pas de celles que tu crois !... pas des vraies...

M. L'O:E-JUSTELOIE, *regardant aussi et*

bondissant tout à coup. — Ah !... voilà le
général !...

FOLLEUIL. — Boulanger ?...

L'OIE-JUSTELOIE, *d'un air de dégoût.*
— Eh ! qui parle de M. Boulanger ?

FOLLEUIL. — Il est certain qu'on n'en
parle plus beaucoup... et je vous dirai
même que ça m'embête... mais ceci est
sans intérêt !... non !... seulement, habituellement quand on dit : « *le général* »
tout court... ça signifie Boulanger...

M. L'OIE-JUSTELOIE, *très digne.* —
Pour moi, monsieur, ça signifie le général de Malinchant... mon général...

FOLLEUIL. — Ah ! fort bien !... *(Rê-
veur.)* Pourquoi *votre* général ???... le général de Malinchant n'est pas du tout
« mon homme », mais pourquoi est-il
plutôt « votre » général que le mien ?...

M. L'OIE-JUSTELOIE. — Parce que je

4

suis son officier d'ordonnance, monsieur!...

FOLLEUIL, *épaté.* — Ah bah!... *(Très
courtois.)* Tous mes compliments, monsieur... et tous mes compliments surtout
au général de Malinchant!...

                   Il salue.

MADAME DABANDON, *qui est assise entre
Folleuil et M. L'Oie-Justeloie les présentant
l'un à l'autre.* — M. de Folleuil... M. Benjamin L'Oie-Justeloie...

FOLLEUIL. — Monsieur, je suis en-
chanté, je ne dirai pas de vous connaître... je connais depuis longtemps
votre réputation... et votre talent...

M. L'OIE-JUSTELOIE. — Moi aussi, monsieur, je vous connais depuis longtemps...

FOLLEUIL, *inquiet, à part.* — Bigre!...
qu'est-ce que j'ai bien pu faire pour ça?...

M. L'OIE-JUSTELOIE. — Je vous rencontre au Bois chaque matin, monté sur un magnifique cheval alezan... une bête hors ligne...

FOLLEUIL. — En vérité, monsieur, vous me comblez!... j'ai acheté ce magnifique cheval, cette bête hors ligne, au Tattersall... quatre cent soixante-quinze francs... il y a deux ans!... à cette époque, il n'avait le feu qu'aux jambes de derrière... depuis je l'ai fait mettre à celles de devant...

M. L'OIE-JUSTELOIE. — Est-il possible?... ce beau cheval?...

FOLLEUIL. — Je pourrais peut-être le revendre trois cents francs... à un myope... mais je ne ferai pas cette mauvaise action...

M. L'OIE-JUSTELOIE, *avec volubilité*. — Mais, monsieur... ça se fait très bien, ces choses-là!... tant pis pour qui se trompe sur la valeur commerciale d'un objet... le vendeur ne peut être responsable de tares... visibles...

FOLLEUIL, *souriant.* — Je vois que vous êtes ferré sur cette question comme sur les autres... mais, quand je parle de mauvaise action, ce n'est nullement à l'acquéreur que je pense... c'est à mon pauvre vieux cheval... il m'a fait un service parfait, il est idéal à monter... il a même su plaire et se faire remarquer... ce dont je ne me doutais guère... il a vraiment mérité ses invalides et il les aura... je vais l'envoyer à la campagne...

M. DABANDON. — Ah bien!... si l'on voulait envoyer à la campagne tous les animaux qu'on connaît!... ça serait cher!...

FOLLEUIL, *le regardant férocement.* — Oui, mais ça serait rudement agréable!...

M. L'OIE-JUSTELOIE, *faisant des signes désespérés au général de Malinchant.* — Il ne nous voit pas!...

MADAME DABANDON, *pointue.* — Laissez-le donc!... il nous voit parfaitement... mais il est occupé à papillonner ailleurs...

FOLLEUIL. — Le fait est que je le trouve plutôt froid, le général!...

MADAME DABANDON, *vexée.* — Il verra, une autre fois... quand il n'aura pas mieux!...

FOLLEUIL, *à demi-voix.* — Voyons... voyons... ne ragez pas ainsi devant ce pauvre Lagrathe!... il croit que ses hommages un peu trop... comment dirai-je... un peu trop opportunistes vous suffisent... respectez son erreur...

MADAME DABANDON, *agacée.* — Laissez-moi tranquille!...

4.

FOLLEUIL. — Et notez que je ne vous parle pas de moi... de moi qui suis venu ici... je veux dire à cette place, uniquement pour être auprès de vous...

MADAME DABANDON. — Taisez-vous!... votre voix m'irrite!...

FOLLEUIL. — Je ne vous dis pas que ma voix soit un pur diamant, mais elle est comme elle est, ça n'est pas ma faute... et puis, savez-vous?... ça n'est pas chic, oh! mais là, pas chic du tout, de se dépiter comme ça parce qu'un beau général ne fait pas attention à vous... ragez en dedans, si ça vous soulage... mais que personne ne s'en doute...

MADAME DABANDON. — Je vous prie de ne pas vous mêler de ce qui ne vous regarde pas!...

FOLLEUIL. — Ne parlez pas si haut!... ils ont beau être captivés par les chutes

et par la sonnette du président, ils fini-
ront par vous entendre... sans compter
que vous avez tort de refuser les conseils
de ce vieux Folleuil... *(Regardant un
mouvement qui se produit)*. Ah!... M. Carnot... madame Carnot... et la cour!...

L'ÉPOUSE DU MINISTRE. — Comment!... on ne les a pas attendus pour
commencer?...

FOLLEUIL. — Tiens!... où va-t-il,
l'homme de bronze!... *(Il montre M. L'Oie-
Justeloie qui se lève.)* Il va recevoir les sou-
verains?...

MADAME DABANDON, *de plus en plus
aigre*. — Non... il va rejoindre son général...

FOLLEUIL. — Il n'y a pas tenu?...
c'est attendrissant ma parole!... comment,
ça vous fait quelque chose?... vous
teniez à la présence de ce monsieur-

là ?... il n'est pourtant pas joli, joli !

LE MINISTRE, *qui a entendu la fin.* — Qui est-ce qui n'est pas joli ?...

FOLLEUIL, *montrant M. L'Oie-Justeloie.* — Lui !... qu'est-ce qu'il peut bien manger pour avoir un teint comme ça ?...

LE MINISTRE. — Je ne sais pas !... à moins qu'il ne mange des tablettes de café !... tu sais !...

Il se tord de rire.

FOLLEUIL. — Ce qui rassure — je crois d'ailleurs que je te l'ai déjà dit — sur la solidité de votre parti, ce n'est pas tant votre intelligence que votre union ?...

LE MINISTRE. — Ah bien !.. si on ne pouvait plus rire !...

FOLLEUIL. — Dieu me garde de souhaiter que vous deveniez sérieux !...

MADAME DABANDON, *à M. L'Oie-Justeloie qui revient à sa place.* — Ah !... vous ne restez pas en bas... avec ces dames?...

M. L'OIE-JUSTELOIE, *à demi-voix.* — Vous savez bien que je ne reste jamais volontairement loin de vous...

LE MINISTRE, *à Folleuil.* — Ah!... à propos!... j'oubliais!... ton protégé, tu sais?... la place est supprimée!...

FOLLEUIL. — Je le pensais bien!...

LE MINISTRE. — Comment ça?...

FOLLEUIL. — C'est pour ne pas avoir de remords que je t'avais recommandé l'affaire, mais j'étais sûr qu'on allait supprimer la place... pour la recréer dans deux mois... ou même moins...

LE MINISTRE. — Mais pas du tout!...

FOLLEUIL. — Allons donc!... voici comment on procède... oh! c'est simple comme tout!... on supprime la place convoitée... *(Mouvement du ministre.)* Oui... convoitée... par un ami, bien en-

tendu... et le titulaire de ladite place a
beau aller pleurer dans le gilet de toutes
les commissions du monde, rien ne le
fera réintégrer ni là ni ailleurs... au
bout d'un temps plus ou moins long, on
recrée la place supprimée, on y incruste
l'ami... et le tour est fait...

LE MINISTRE. — Mais tu as des idées...

FOLLEUIL. — Justes, mon ami... hor-
riblement justes...

L'ÉPOUSE DU MINISTRE. — Oh!... voilà
encore un monsieur par terre!... qu'est-ce
qu'on va lui donner, à celui-là?...

M. DABANDON. — Lui donner?... mais
rien... puisqu'il est tombé, il n'a aucun
droit à une récompense...

L'ÉPOUSE DU MINISTRE. — Mais c'est
très injuste, ça!... est-ce que votre cheval
sauterait ces obstacles-là, monsieur de
Folleuil?...

FOLLEUIL. — Je le pense... mais il ne les sauterait peut-être pas dans une cuvette !... il aime à avoir du champ, le pauvre vieux !...

MADAME DABANDON, *à Folleuil.* — Comment s'appelle-t-il, votre vieux cheval ?...

FOLLEUIL. — Il s'appelle Bellérophon... c'est un nom que je n'ai pas choisi...

L'ÉPOUSE DU MINISTRE, *bas, au ministre.* — Qu'est-ce que c'est que ça, Bellérophon ?...

LE MINISTRE. — Bellérophon ?... ben, c'est... c'est un nom !...

CHEZ

LA BELLE MADAME DE KEES

CHEZ LA BELLE MADAME DE KEES

Un hôtel aux Champs-Élysées.
C'est le jour de la belle madame de Kees.

MADAME DABANDON, *ouvrant la porte du vestibule et apercevant Folleuil qui est planté sur la première marche de l'escalier.*
— Tiens! vous!...

FOLLEUIL, *saluant très respectueusement.*
— Ne faites donc pas l'étonnée!... vous saviez parfaitement me trouver...

MADAME DABANDON, *d'un ton qu'elle cherche à rendre profondément sincère.* —
Moi... je savais?...

FOLLEUIL. — Eh oui!... vous saviez!...
ce n'est pas pour rien que vous m'avez
dit que vous veniez chez la belle madame de Kees tous les mercredis à cinq
heures...

MADAME DABANDON. — Mais...

FOLLEUIL. — Voyez-vous, chère petite
madame, vous êtes très charmante...
mais vous avez un défaut... un grand
défaut...

MADAME DABANDON. — Qui est?...

FOLLEUIL. — Qui est de toujours vous
imaginer que vous « roulez le pauvre
monde »... et que le pauvre monde
n'existe que pour être roulé par vous...
(*Mouvement de madame Dabandon.*) Oh!...
je sais bien que c'est ainsi dans le milieu
où vous évoluez habituellement... mais
de ce que vous êtes très supérieure aux
gens qui représentent votre... ordinaire,

il ne faut pas conclure que le genre
humain soit une vaste dupe...

MADAME DABANDON, *ne sachant pas si
elle doit rire ou se fâcher.* — Vous êtes
très malhonnête!...

FOLLEUIL. — Malhonnête?... Folleuil?... jamais!...

. MADAME DABANDON, *embarrassée.* —
Vous attachez une importance aux plus
petites choses... vous découvrez un sens
caché aux moindres mots... mon Dieu!...
certainement je vous ai dit que je venais
chez madame de Kees tous les mercredis à cinq heures... d'où vous avez
conclu...

FOLLEUIL. — Que Lagrathe devait y
venir à quatre heures... je sais qu'il est
obligé de passer à son cabinet à cinq
heures et que vous êtes à peu près sûre,
en venant à ce moment-là, de ne pas le

rencontrer. . ce pauvre Lagrathe !.. le roulez-vous assez, celui-là ?... c'est-à-dire que ça me fait de la peine... ainsi...

MADAME DABANDON. — Vous ne me laissez pas parler ?... je ne pensais pas du tout à M. Lagrathe...

FOLLEUIL. — Je le sais bien !... pauvre homme !... va !... quoique opportuniste... il m'intéresse !...

MADAME DABANDON, *énervée*. — Je disais : « Vous avez conclu, qu'en vous racontant que je venais ici à cinq heures, je vous y donnais rendez-vous ?... »

FOLLEUIL. — Oui !... j'ai aussi conclu ça !...

MADAME DABANDON. — Eh bien ! vous avez de l'aplomb !...

FOLLEUIL. — J'ai un certain aplomb... mais je n'ai d'ailleurs vu là qu'un rendez-vous,.. très innocent...

MADAME DABANDON. — C'est heureux !...

FOLLEUIL. — Je me suis dit : elle s'embête quelquefois chez la belle madame de Kees...

MADAME DABANDON. — Et pourquoi y viendrais-je si je m'y... embêtais, pour parler comme vous ?...

FOLLEUIL. — Pour y éreinter un brin les amis... pas de maison où on éreinte mieux qu'ici le monde gouvernemental !... chez vous, chez « l'épouse » de cet infortuné Lagrathe... chez mesdames Cruchon, Sinaï, Dumuffle, Zabulon, etc., etc., on est gêné... les unes sont des femmes de fonctionnaires... les autres des femmes de banquiers tripotant avec lesdits fonctionnaires... il est difficile de se débiner entre soi... alors qu'on vient de se laver les mains ensemble après avoir touché ensemble à quelque chose de sale... on n'est pas en verve... on n'a pas ses moyens...

MADAME DABANDON. — Mais ici...

FOLLEUIL.— Ici, c'est tout différent !... nous soupçonnons, il est vrai, vous, moi et pas mal d'autres, que les fonds secrets contribuent pour une large part aux dépenses des Kees... mais précisément parce qu'ils « en sont », ils ne veulent pas « avoir l'air... » et tapent à tour de bras sur le... gouvernement...

MADAME DABANDON. — Mais ça m'est égal !... je ne tiens pas à taper sur le gouvernement, moi !...

FOLLEUIL. — Non !... mais sur ceux qui le représentent ?... c'est votre joie !... vous n'avez pas, vous autres, de plus fin plaisir que de vous déchirer entre vous...

MADAME DABANDON.— Vous savez que c'est fatigant, de rester comme ça debout dans l'escalier !...

Elle monte.

FOLLEUIL. — Mais j'attends que vous montiez... je vous suis !...

MADAME DABANDON.— Pas du tout !... je ne veux pas entrer avec vous !... madame de Kees me ferait tout de suite un potin !...

FOLLEUIL. — Ah !... alors il faut que j'attende pour entrer ?...

MADAME DABANDON. — Naturellement !...

FOLLEUIL. — Combien de temps ?...

MADAME DABANDON. — Mais... je ne sais pas... dix minutes...

FOLLEUIL. — Dix minutes !... dans l'escalier ?... jamais de la vie, par exemple ?

5.

MADAME DABANDON. — Bah!.. vous voilà bien malheureux!... il est superbe cet escalier!... c'est d'un luxe!...

FOLLEUIL, *regardant l'escalier.*— Heu!... Heu!... un luxe Georgeohnet!... *(Il récite.)* « Vaste escalier de bois sculpté, dé-
» coré de splendides tapisseries; éclairé
» *à la lumière électrique;* tapis somp-
» tueux... *(Il lève le nez.)* Galerie à ba-
» lustres de *marbre rare.* » ...Tout y est!... il ne manque que « les jeunes
» femmes *luxueusement* parées; les intri-
» gues qui mêlent, aux habits noirs et
» rouges des hommes, les dominos écla-
» tants des *femmes;* le murmure de voix
» s'élevant frémissant comme un batte-
» ment d'ailes; et les éclats de rire perlés
» résonnant, fanfare joyeuse d'une nuit
» de plaisir qui... »

MADAME DABANDON, *montant plus vite.*

— Assez !... assez !... vous apprenez Ohnet par cœur, à présent ?...

FOLLEUIL. — Je ne l'apprends pas !... je le retiens !... hélas !...

MADAME DABANDON, *se penchant sur la rampe pour parler à Folleuil qui reste dans l'escalier.*— Adieu !... amusez-vous bien !...

FOLLEUIL.— Merci !... ne vous ennuyez pas trop en m'attendant !...

. . . .

Elle continue à monter et arrive à une grille dorée, derrière laquelle deux valets de pied en livrée rouge se tiennent immobiles. Ils ouvrent la grille à madame Dubandon et lui enlèvent sa pelisse.

LA BELLE MADAME DE KEES, *s'élançant au-devant de madame Dabandon.* — Ah !... enfin !... je promettais votre venue à ces messieurs !... (*Elle désigne le ministre — le onzième, — MM. Benjamin L'Oie-Justeloie et quelques seigneurs sans importance.)* Ils ne sont restés que pour vous voir !...

> *Têtes de plusieurs dames.*

MADAME DABANDON, *très vexée de trouver le ministre, à part.* — Comment !... il est encore là !... *(Haut, avec un sourire charmant.)* Je suis ravie de voir ces messieurs !...

Poignées de main à M. L'Oie-Justeloie et au ministre; légers saluts aux seigneurs sans importance.

LE MINISTRE, *à madame Dabandon.* — Vous n'avez pas, par hasard, vu madame Lagrathe ?...

MADAME DABANDON, *à part.* — Elle doit venir aussi !... tous les bonheurs, alors !... *(Haut.)* Mais non... je n'ai pas eu le plaisir de rencontrer madame Lagrathe...

LE MINISTRE. — Ah !... c'est qu'elle

m'avait donné rendez-vous ici... et...

MADAME DABANDON, *à part.* — Ça, c'est une craque!... il est resté pour me surveiller...

M. BENJAMIN L'OIE-JUSTELOIE, *à madame Dabandon.* — Nous parlions du voyage présidentiel!... c'est un vrai triomphe pour la République!...

MADAME DABANDON, *indifférente.* — Ah! (*A la belle madame de Kees.*) Depuis que le concours hippique est fermé, on ne sait plus que faire!... ne trouvez-vous pas?...

LA BELLE MADAME DE KEES. — Oui... il y avait moyen de passer là de très agréables instants... beaucoup de jolies femmes, de jolies toilettes... des hommes chics et amusants...

MADAME DABANDON, *avec conviction.* — Chics et amusants!... c'est ça qui nous change!...

Le ministre regarde le feu avec insistance.
M. L'Oie-Justeloie agace du bout de sa
canne un bouton de sa bottine. On annonce :
M. de Folleuil!...

LA BELLE MADAME DE KEES. — Ah
bah!... Monsieur de Folleuil!... je suis
enchantée que vous vous soyez enfin décidé à venir me voir à mon jour?... à
quoi... ou à qui *(Elle regarde furtivement*
madame Dabandon.) dois-je ce grand
plaisir?...

FOLLEUIL. — On m'avait dit que vous
étiez souffrante... et je venais prendre de
vos nouvelles... ignorant d'ailleurs que
le mercredi fût votre jour...

MADAME DABANDON, *à part.* — En
a-t-il un aplomb?...

LA BELLE MADAME DE KEES, *à Fol-*
leuil. — Fait-il plus froid à Clairvaux
qu'ici?...

FOLLEUIL, *surpris.* — En vérité, je l'ignore, madame...

LA BELLE MADAME DE KEES. — Allons!... ne faites pas l'innocent?... vous arrivez de Clairvaux... où vous avez été reçu par le prince... on me l'a dit...

FOLLEUIL. — On vous a trompée!... *(Très bon enfant.)* votre police est mal faite!... *(Mouvement de la belle madame de Kees.)* Mon Dieu, non!... je n'ai pas eu l'honneur d'être reçu par le duc d'Orléans...

LA BELLE MADAME DE KEES. — Comment ça?...

FOLLEUIL. — Par la raison toute simple que je n'ai pas sollicité cet honneur... je trouve très gentil ce qu'a fait le prince, mais ce n'est pas une raison suffisante pour aller l'embêter là-bas...

LE MINISTRE, *protestant.* — Oh!... tu ne...

FOLLEUIL, *à part, apercevant le ministre.* — Comment!... il est encore là, lui!... *(Haut.)* Oui!... ça l'embêterait sans doute considérablement... et moi aussi, d'ailleurs!... je ne suis pas courtisan pour deux sous, moi!... tu en sais quelque chose?...

LE MINISTRE, *riant.* — Oui... en effet!... après ça... tu détestes tellement notre parti!...

M. BENJAMIN L'OIE-JUSTELOIE, *à Folleuil.* — Nous parlions, au moment où vous êtes entré, du voyage du président... c'est un vrai triomphe pour la République...

FOLLEUIL, *à part, se retournant vers M. L'Oie-Justeloie qu'il n'avait pas vu.* — L'aide de camp!... *(Haut.)* Ah!... monsieur... je n'avais pas eu, en entrant, le plaisir de vous apercevoir!... M. le général de Malinchant est en bonne santé?...

M. BENJAMIN L'OIE-JUSTELOIE. — Excellente... nous avons fait ensemble ce matin le tour du Bois...

On annonce :

Madame Joseph Lagrathe!...

La belle madame de Kees se précipite au-devant d'elle.

MADAME DABANDON, *à part.* — Tiens!... c'était pas une craque!...

FOLLEUIL, *bas, à madame Dabandon, lui montrant les Lagrathe.* — Vous qui pensiez n'en pas voir un seul, vous les voyez tous les deux!... Hein! quelle veine!...

LE MINISTRE, *à son épouse.* — C'était à quatre heures et demie que...

L'ÉPOUSE DU MINISTRE. — Si vous croyez que c'est ma faute si je suis en retard!... j'ai failli être massacrée dans le boulevard Malesherbes!...

TOUS, *avec intérêt, sauf le ministre.* — Massacrée?...

L'ÉPOUSE DU MINISTRE. — Oui... on a brisé les glaces de « ma » voiture à coups de pierres...

LA BELLE MADAME DE KEES. — Qui?...

L'ÉPOUSE DU MINISTRE.—Un homme... un jeune homme...

FOLLEUIL. — Un gamin... qui aura reconnu la cocarde...

M. BENJAMIN L'OIE-JUSTELOIE. — C'est une infamie!...

L'ÉPOUSE DU MINISTRE, *sortant de son porte-monnaie un minuscule caillou.* — Voyez plutôt!...

TOUS, *s'avançant.* — Qu'est-ce que c'est?..

L'ÉPOUSE DU MINISTRE. — La pierre...
qui a brisé le carreau...

On annonce :

M. le procureur général de Bélantre !...

LA BELLE MADAME DE KEES, *se levant
à demi de son fauteuil pour recevoir M. de
Bélantre.* — Comme c'est aimable à vous
de trouver, au milieu de toutes vos occu-
pations, un instant pour venir me voir !...
*Le ministre et M. Benjamin L'Oie-Justeloie
se lèvent et vont serrer avec effusion les
mains de M. de Bélantre.*

M. BENJAMIN L'OIE-JUSTELOIE, *se
rasseyant, à Folleuil qui est à côté de lui.* —
Vous le connaissiez déjà ?...

FOLLEUIL. — Qui ça ?... M. P. de Bélantre ?... non... je n'avais pas ce bonheur !...

M. BENJAMIN L'OIE-JUSTELOIE. —
Comment le trouvez-vous ?...

FOLLEUIL. — Je le trouve... glabre...

M. BENJAMIN L'OIE-JUSTELOIE. — Vous savez que c'est un homme de grande valeur!...

FOLLEUIL. — . . . .

M. BENJAMIN L'OIE-JUSTELOIE. — Il a écrit de ravissantes choses!...

FOLLEUIL. — . . . .

M. BENJAMIN L'OIE-JUSTELOIE. — Sous le pseudonyme de Thomas de Goret... oui... *la Pépiniériste... le Gardeur de moutons... le...*

FOLLEUIL. — Je sais... je sais!...

M. BENJAMIN L'OIE-JUSTELOIE. — Eh bien!... qu'en pensez-vous?... c'est un beau talent, n'est-ce pas?...

FOLLEUIL. — Mon Dieu, je trouve que M. Thomas de Goret a copié, dans un ton gris, profondément insignifiant et souvent faux, les paysages chauds, colo-

rés et vrais de Theuriet, qui, lui, doit
aimer vraiment la nature...

M. BENJAMIN L'OIE-JUSTELOIE. —
Vous êtes sévère !...

FOLLEUIL. — Non... je n'en ai pas le
droit...

MADAME DABANDON, à *Folleuil*. —
Avez-vous lu un volume dans lequel
M. de Bélantre éreintait Daudet, Zola et
autres?...

FOLLEUIL. — Oui... un volume complètement anonyme, celui-là !... *Jeanne
Avoine*, préface signée : *Violette de Mo-
desty*...

M. BENJAMIN L'OIE-JUSTELOIE. —
Une œuvre admirable !... honnête... unique en son genre...

FOLLEUIL, *regardant curieusement M. Benjamin L'Oie-Justeloie*. — C'est vous qui
êtes unique dans votre genre !..

M. BENJAMIN L'OIE-JUSTELOIE. — Moi? pourquoi?...

FOLLEUIL. — Parce que vous êtes le premier homme de lettres auquel j'entende faire l'éloge d'un collaborateur... je sais bien qu'il est là... mais il n'écoute pas ce que nous disons...

M. BENJAMIN L'OIE-JUSTELOIE, *étonné*. — Mais... je n'ai pas collaboré aux œuvres de...

FOLLEUIL. — Pas au *Pépiniériste*, ni au *Gardeur de moutons* de Thomas de Goret... non... mais aux hautes œuvres de M. le procureur général P. de Bélantre... votre collaboration a été constatée... constatée publiquement.. vous ne pouvez pas faire le modeste... vous dérober aux compliments...

M. BENJAMIN L'OIE-JUSTELOIE, *vexé*. — Mais...

FOLLEUIL. — Compliments bien mé-
rités, d'ailleurs, car jamais roman-feuille-
ton ne fut mieux charpenté... et je ne
sache pas que, depuis *Rocambole*, nous
ayons lu rien de plus vraisemblable dans
l'invraisemblance...

LA BELLE MADAME DE KEES, *qui com-*
prend vaguement que la conversation prend
dans le coin Folleuil une tournure fâcheuse.
— Monsieur de Folleuil!... vous qui connaissez tous les peintres, savez-vous si le
Salon sera joli cette année?...

FOLLEUIL. — Lequel, madame?...

LA BELLE MADAME DE KEES. — Le
seul... celui des Champs-Élysées...

FOLLEUIL. — Pour moi, *le seul* est
celui du Champ de Mars...

LE MINISTRE, *riant*. — Toujours
du côté des révolutionnaires, ce Folleuil!...

MADAME DABANDON. — C'est si loin, le Champ de Mars!...

FOLLEUIL. — Mon Dieu!... ce n'est pas de l'endroit où est placée une chose que dépend pour moi sa valeur... quand Réjane, par exemple, joue à l'Odéon, eh bien! tout en regrettant qu'elle ne joue pas plutôt au Vaudeville ou au Français, qui sont plus près, je vais la voir à l'Odéon...

LE MINISTRE. — Ah!... à propos du Salon, il en arrive une bien bonne!... un peintre, — de beaucoup de talent, paraît-il, — qui a fait des panoramas... comment diable s'appelle-t-il?...

FOLLEUIL. — Castellani...

LE MINISTRE. — Parfaitement... Castellani!... Eh bien! il a envoyé au Salon, au Salon des Champs-Élysées, un grand tableau... une nature morte...

L'ÉPOUSE DU MINISTRE. — Morte?...
un tableau triste, alors?...

LE MINISTRE, *continuant.* — ... repré-
sentant un grand pot rempli de vin qui
déborde... des billets de banque, de l'or,
des bibelots chinois, une superbe cein-
ture couverte de pierreries, un énorme
saucisson, du sang qui coule au milieu
de tout ça, des dés... *(Il rit.)* vous comprenez?...

FOLLEUIL. — Parfaitement!...

L'ÉPOUSE DU MINISTRE. — Moi, je
ne comprends pas?...

LE MINISTRE, *se tordant.* — Pendant
qu'il y était, il aurait dû mettre les
Trente-six bêtes!...

M. BENJAMIN L'OIE-JUSTELOIE. —Ah!
très joli!...

Il se tord aussi.

LE MINISTRE. — Comme bien vous

6

pensez, le jury des Champs-Élysées a refusé ça...

FOLLEUIL. — Donnant ainsi une preuve de plus de son impartialité et de son indépendance...

L'ÉPOUSE DU MINISTRE. — M. Castellani ne fait peut-être pas partie de l'atelier Julian?... on m'a dit que tous ceux qui n'appartenaient pas à cette école — la meilleure de toutes, à ce qu'il paraît — étaient refusés...

LE MINISTRE, *à Folleuil*. — Crois-tu que ce soit embêtant qu'ils n'aient pas reçu ça, ces imbéciles-là?... le jour du vernissage, nous nous serions arrêtés devant le tableau... en protestant avec indignation... il y aurait eu un rassemblement... c'eût été drôle comme tout!... ce qu'il aurait ragé!...

FOLLEUIL. — Qui?... Castellani?...

LE MINISTRE. — Mais non !... le... le
ministre inspirateur du tableau... Oh!
oui, il aurait ragé!...

MADAME DABANDON. — Et sa femme,
donc!...

L'ÉPOUSE DU MINISTRE. — Mais quelle
femme?... de quel ministre?... pourquoi
aurait-elle ragé?... je ne sais pas du tout
de quoi on parle, moi!...

FOLLEUIL. — Une drôle d'idée de
débiner et de chercher à tomber le seul
homme intelligent que vous ayez pour
vous soutenir !...

LE MINISTRE. — Bah!... des hommes
intelligents, quand il n'y en a plus, il
y en a encore!...

FOLLEUIL. — Ça dépend où!...

M. BENJAMIN L'OIE-JUSTELOIE. —
Comment, ça dépend où!...

M. FOLLEUIL. — Eh oui!,.. cet hiver,

un financier très riche et très... financier... m'invitait à tirer chez lui des fai-
sans, me disant qu'il y avait souvent
quatre cents pièces au tableau... je ré-
pondis, pour dire quelque chose : « C'est
rudement joli à voir, quatre cents coqs
bien alignés !... » — « Oh !... dit le financier, il n'y a pas seulement des coqs, il y
a aussi des poules !... » Je me récriai : —
« Comment?... vous tuez les poules ?... »
— Il se rengorgea : — « Oui, monsieur,
je tue les poules, *mes moyens me le permettent !...* »

M. BENJAMIN L'OIE-JUSTELOIE. —
Eh bien?...

FOLLEUIL. — Eh bien, je trouve que
les moyens des opportunistes ne leur
permettent pas de tuer des poules...

Il se lève.

MADAME DABANDON, *à demi-voix.* —

Restez donc encore un instant?... ils vont
s'en aller!...

FOLLEUIL. — Non!... je m'amuse
trop!... je vais goûter chez Vagé et faire
un tour au Bois... à pied... (*S'inclinant vers
madame Dabandon.*) si ça vous chante?...

MADAME DABANDON, *haussant les
épaules.* — Vous êtes fou!...

FOLLEUIL. — A tout à l'heure!...
*Il s'approche de la belle madame de Kers
et lui baise la main.*

LE MINISTRE, *bas, à Folleuil qui va
sortir.* — Dis moi?... je voudrais te présenter à Bélantre... qui désire te connaître...

FOLLEUIL. — Ah! bun non!... (*Riant.*)
j'suis pas fier,... mais enfin!...

LE MINISTRE ! ! ! ! ! ! ! ! ! ! ! ! ! !

6.

AUX CHAMPS-ÉLYSÉES

AUX CHAMPS-ÉLYSÉES

Le jour de la manifestation du 1ᵉʳ mai 1890.

FOLLEUIL, *faisant les cent pas entre le
round-point et l'avenue Marigny.* — Elle
me fait poser, madame Dabandon !... on
se bouscule là-bas... je voudrais aller
voir ça de près... c'est plus fort que
moi !... la cogne m'attire !... enfin ! il
faut attendre, puisque j'ai donné rendez-
vous à madame Dabandon... qui ne se
presse pas d'arriver !... c'est bien fait,
après tout !... je n'avais qu'à ne pas lui

donner rendez-vous !... à mon âge, c'est
idiot de poser pour une petite pécore
comme ça !... oui... mais elle avait envie
de voir la manifestation avec moi... elle
me l'a dit... je ne pouvais pourtant pas
lui refuser ça !... d'autant plus qu'elle
m'amuse infiniment, cette petite femme !...
elle est rosse comme pas une !... et jolie
avec ça !... cet imbécile de Lagrathe est
incapable d'apprécier son bonheur... mais
tant d'autres le partagent avec lui, ce
bonheur-là !... je crois que toute la
Chambre... ou du moins le groupe opportuniste... enfin la majorité, quoi !... *(Il
va s'appuyer contre le guignol.)* Quatre
heures !... elle doit arriver par l'avenue
Marigny... il est confiant, Lagrathe, de
me laisser voir madame Dabandon aussi
souvent !... il est vrai que je ne demande
qu'à abuser de sa confiance !... mais jus-

qu'à présent je n'y suis pas encore par-
venu... oui... elle fait des manières!...
je l'intimide... je ne suis pas député...
et elle est tellement habituée à... *(Regardant dans l'avenue Marigny.)* Je crois que
je reconnais son chapeau!... là-bas, tout
là-bas!... un chapeau fantastique!... il
faut lui rendre cette justice qu'elle n'a
pas le talent de passer inaperçue!...
Tiens!... elle a l'air de marcher dans un
groupe compact!... *(Il prend son lorgnon.)*
Mais, Dieu me pardonne, elle est avec
son mari!... et les Lagrathe!... et le petit
Lachoze!... et M. Dumuffe!... il ne
manque, pour que ça soit complet, que
l'aimable profil de M. Benjamin L'Oie-
Justeloie!... dommage!... *(Le groupe se
rapproche.)* Ah!... elle se fiche de moi, la
petite madame Dabandon!... Ah!... elle
m'amène son groupe!... attends un peu!...

Il évite de regarder dans la direction des arrivants, semble très occupé à allumer son cigare, pirouette sans affectation, et remonte très vite vers le rond-point en se faufilant au milieu des promeneurs.

LE MINISTRE *(le onzième)*, *pressant le pas.* — Allons!... bon!... il remonte!... il ne nous a pas vus!...

MADAME DABANDON. — Non!... *(A part.)* Au contraire, il a vu!... et il se défile!... *(Haut.)* Il faut le rattraper!...

Tous pressent le pas.

LE MINISTRE, *courant presque.* — C'est qu'il va d'un train!... Hé!... Psstt!... pstt!...

MADAME DABANDON. — Criez plus fort!...

LE MINISTRE. — Hé!... Folleuil!...

Folleuil détale un peu plus vite.

LE MINISTRE, *courant tout à fait suivi*

de sa troupe. — Sapristi !... Folleuil !...
Folleuil !...

FOLLEUIL, *délulant toujours.* — L'animal !... voilà qu'il m'appelle par mon
nom, à cette heure !... j'ai de l'avance
heureusement !... sans ça je serais obligé
de me mettre à courir et ça n'aurait plus
l'air vraisemblable !...

LE MINISTRE, *essoufflé, regardant toujours si sa troupe le suit.* — Je n'en peux
plus !... *(Appelant.)* Folleuil !... impossible
de crier plus fort sans faire un rassemblement... Ah !... voilà un monsieur qui
le prévient !...

UN MONSIEUR OBLIGEANT, *croisant
Folleuil et l'arrêtant.* — Pardon !... je crois
qu'on vous appelle... *(Folleuil ne se retourne pas.)* c'est un monsieur qui est
avec deux dames très jolies... *(Le groupe
se rapproche, le monsieur voit mieux*

7

l'épouse du ministre.) Pardon... une dame très jolie, veux-je dire!...

LE MINISTRE, *rejoignant Folleuil.* — Ah!... enfin!... c'est pas malheureux!.. *(Au monsieur obligeant.)* Mille remercie-ments, monsieur... sans vous...

FOLLEUIL, *d'un ton furieux, au monsieur obligeant.* — Merci, monsieur!...

LE MONSIEUR OBLIGEANT, *saluant.* — De rien, monsieur...

LE MINISTRE. — Ah bien!... tu as un joli train, sais-tu?... tu nous lâchais gentiment!... il est vrai que nous sommes en retard d'une demi-heure et que tu pensais probablement que nous ne vien-drions plus?...

FOLLEUIL, *ahuri.* — Mais...

LE MINISTRE. — Madame Dabandou nous avait bien dit que tu nous atten-dais à trois heures et demie... mais tu sais... quand on est nombreux...

FOLLEUIL, *à part*. — Quand je le disais, qu'elle est rosse!...

L'ÉPOUSE DU MINISTRE. — Moi, j'attendais mon chapeau neuf qui n'arrivait pas...

Elle incline la tête et montre à Folleuil un de ces affreux chapeaux tout en fleurs, par le fond desquels on voit passer les cheveux.

M. DABANDON. — Eh bien! est-ce joli?...

FOLLEUIL. — Ce chapeau... il est charmant!...

M. DABANDON. — Eh non!... la manifestation?...

FOLLEUIL. — Pour ceux qui aiment à voir assommer de pauvres diables, c'est très joli!...

LE MINISTRE. — Oh! assommer!...

FOLLEUIL. — Dame!... j'ai, pour ma part, retiré des mains des agents un pauvre brave homme d'ouvrier endimanché qui se promenait paisiblement, et sur lequel ils se sont mis à quatre pour taper...

LE MINISTRE, *surpris*. — Et ils l'ont lâché?...

FOLLEUIL. — Ils m'ont pris pour quelqu'un de votre boutique!... ce qui d'ailleurs me flatte médiocrement...

LE MINISTRE. — Si nous allions vers la rue Royale?... c'est là qu'il semble y avoir le plus de mouvement...

FOLLEUIL, *résigné*. — Allons!...

LE MINISTRE. — Nous allons donner le bras à ces dames, pour qu'elles ne soient pas séparées de nous...

MADAME DABANDON, *qui se trouve à côté de Folleuil, faisant un mouvement pour* lui *prendre le bras.* — Oui... c'est plus sûr!...

FOLLEUIL, *s'effaçant et allant offrir son bras à l'épouse du ministre.* — Madame?...

LE MINISTRE, *ravi, lançant à Folleuil un regard reconnaissant.* — C'est ça!... charge-toi de Léonie!... moi je me charge de madame Dabandon...

Il se précipite vers madame Dabandon.

FOLLEUIL. — C'est dur de se charger de Léonie!... *(Il regarde en riant madame Dabandon.)* mais ça fait rager la petite!... et ça rend ce pauvre Lagrathe si heureux!... je dois avouer que l'idée de son bonheur n'est pas ce qui m'a déterminé... mais enfin, il est heureux tout de même, et ça ne me gêne pas!...

On arrive au bas des Champs-Élysées. Folleuil s'engage sur la place de la Concorde remorquant l'épouse du ministre. Le

*ministre suit avec madame Dabandon ;
M. Dabandon et les seigneurs sans importance viennent ensuite.*

UN AGENT, *brutalement.* — Allons!...
séparez-vous!...

UN GARDE RÉPUBLICAIN, *bousculant le
chapeau de l'épouse du ministre avec le nez
de son cheval, et couvrant de bave les fleurs
et le chignon.* — Allons!... avancez!...

L'ÉPOUSE DU MINISTRE, *effarée, n'osant
pas se retourner.* — Ah!... mon Dieu!...
je sens quelque chose de froid dans mon
cou!... une lame de sabre sans doute?...

FOLLEUIL. — Non!... c'est le mors d'un
cheval de la garde républicaine...

M. DABANDON, *inquiet.* — Je crois
que nous ferions mieux de ne pas tra-
verser?...

*Ils arrivent tant bien que mal au coin de
la rue Royale ; là une bousculade se*

produit ; la garde républicaine charge sur le trottoir et renverse pas mal de passants.

FOLLEUIL, *garantissant de son mieux l'épouse du ministre.* — Ces soldats de la garde républicaine sont d'une brutalité !...

LE MINISTRE, *qui vient de recevoir un renfoncement, se rajustant.* — C'est qu'ils ont reçu l'ordre de marcher dur !...

FOLLEUIL. — Je m'en doute !... mais ils pourraient exécuter passivement cet ordre... sans insulter et sans agonir d'injures les malheureux qu'ils écrasent...

LE MINISTRE. — Tu sais, quand la troupe s'en mêle...

FOLLEUIL. — La troupe !... c'est pas la troupe, ça !... la troupe, c'est les pauvres dragons assis mélancoliquement devant le palais de l'Industrie, en attendant l'instant de monter à cheval ; ou les petits

chasseurs qui sont l'arme au pied depuis
ce matin cachés dans quelque coin... ça,
c'est la troupe!... on la sort quand il y a des
coups à recevoir... la garde républicaine
n'est bonne qu'à en donner... aussi est-
elle considérée comme une arme d'élite...

MADAME DABANDON. — On dit qu'elle
n'est composée que de beaux hommes..

FOLLEUIL. — Ça, ça m'est égal!... ce
que je vous recommande, c'est de remarquer avec quel soin ces beaux hommes
choisissent de préférence pour les pour-
suivre et les renverser, les femmes et les
vieux... regardez bien tout à l'heure...
vous allez voir?...

M. DABANDON, *très pâle*. — Quand?...
tout à l'heure?...

FOLLEUIL. — Ben, dans dix minutes
ou un quart d'heure... quand ça va recommencer...

M. DABANDON, *de plus en plus pâle.* — Recommencer?... ça va encore recommencer?...

FOLLEUIL. — Naturellement !... je suis déjà venu ici tantôt... j'ai vu comment on procède !... on charge à des intervalles réguliers et rapprochés... *(Interpellant le ministre.)* Lagrathe !... sais-tu si c'est toutes les dix minutes ou tous les quarts d'heure qu'on écrase?...

M. DABANDON, *bégayant de peur.* — Allons-nous-en !... allons-nous-en !...

FOLLEUIL. — Pauvre monsieur Dabandon !... vous donneriez cher pour être en ce moment soigneusement calfeutré dans vos appartements, n'est-ce pas?...

M. DABANDON, *se défendant faiblement.* — Mais...

FOLLEUIL. — Oh !... ne protestez pas !... l'exemple vous vient de haut !... le brave

7.

M. Carnot ne me semble pas non plus
payer beaucoup de sa personne... quand
il ne s'agit pas de voyager ou d'inau-
gurer...

M. DABANDON. — Mon Dieu... le président...

FOLLEUIL. — Non, mais là ! croyez-vous
que si le vrai Carnot voit du ciel... ou
d'ailleurs... la courageuse attitude de son
rejeton, il en est fier, dites ?... le croyez-
vous ?...

LE MINISTRE, *curieusement.* — Mais
qu'est-ce que tu voudrais qu'il fît ?...

FOLLEUIL. — Moins que rien !... je voudrais qu'il fît un peu prendre l'air aujourd'hui à sa belle barbe noire... qu'il
la montrât simplement aux Parisiens si
habitués à la voir... je voudrais qu'il
fît, pour la petite tuerie qu'il organise...
ou qu'il laisse organiser... ce qu'il fait

pour une première à sensation, qu'il y
assistât... ne fût-ce que pour constater,
et au besoin enrayer les brutalités com-
mises au nom du gouvernement qu'il
représente...

M. DABANDON. — Mais, monsieur, se
serait très dangereux !... vous n'y pensez pas !...

FOLLEUIL. — J'y pense, monsieur !...
mais je me souviens qu'au mois de
mai 1870, il y eut aussi des manifestations,
manifestations qu'on disait organisées par
le gouvernement... comme celle-ci...

LE MINISTRE. — Mais ce n'est pas le
gouvernement qui...

FOLLEUIL, *riant.* — Non... c'est convenu !... enfin l'empire ayant, disait-on,
besoin comme un simple Constans, de
convaincre les trembleurs de sa force
répressive, organisait des émeutes...

LE MINISTRE. — Oui... eh bien?...

FOLLEUIL. — Eh bien, l'empereur y venait, lui!... il descendait sur les boulevards, où sa grosse moustache était aussi connue que la belle barbe de mossieu Carnot... et on se le montrait... « Le v'là! » disaient les voyous... et dans ce temps de corruption impériale, on n'écrasait pas et on ne rouait pas de coups les gogos sincères, entraînés par les faux frères à l'émeute fictive...

M. DABANDON. — Mais si le président était reconnu... et il le serait...

FOLLEUIL, *riant*. — C'est probable!... car il n'y a pas à dire, il a prodigué sa tête, le président!...

M. DABANDON. — S'il était reconnu... il serait insulté...

FOLLEUIL. — Oh!... pourquoi?... M. Carnot n'a fait ostensiblement de mal

à personne... il est gris, « gouvernemen-
talement » parlant... et d'ailleurs la foule
n'insulte pas volontiers ceux qui font
crânement leur métier... tenez, voyez-
vous, là... en face de nous, M. Clément?...

M. DABANDON. — Je le vois peut-être...
mais comme je ne connais pas sa tête...

FOLLEUIL. — Ça ne m'étonne pas !...
vous n'êtes pas beaucoup faits pour vous
rencontrer !... enfin, il est là... de l'autre côté de la rue...

LE MINISTRE. — Je le vois, moi !...

FOLLEUIL. — Eh bien !... on ne l'insulte pas... pourquoi?... parce qu'il est
d'une crânerie rare... il ne m'est pas
sympathique, M. Clément, mais j'avoue
que, quand je le vois, seul les trois quarts
du temps, aller, venir, sauter en voiture,
revenir, donner des ordres, promener
au milieu de la foule hostile sa tête

blanche qui, à Paris, n'est guère incon-
nue que de M. Dabandon, eh bien, il
n'y a pas à dire, je trouve ça très
chic!...

M. DABANDON. — Enfin, M. Carnot
n'est pas commissaire de police!...

FOLLEUIL. — Non!... et s'il l'était,
je ne voudrais pas habiter son quartier!...

LE MINISTRE. — Ah çà!... qu'est-ce
qu'il t'a fait, Carnot?

FOLLEUIL. — Je voudrais qu'il m'eût
fait l'honneur de me faire quelque chose,
mais non... il ne m'a rien fait!...

LE MINISTRE. — Alors, pourquoi le
détestes-tu?...

FOLLEUIL. — « Alors » est superbe!...
mon Dieu, je ne déteste pas M. Carnot!...
il n'est pas ceux qu'on déteste!... on
peut détester Constans, on ne peut pas
détester Carnot... jusqu'à présent...

LE MINISTRE. — Enfin, pourquoi ne l'aimes-tu pas?...

FOLLEUIL. — D'abord, parce que j'aime très peu de gens!... ensuite M. Carnot est, à mon avis, un sectaire; or un sectaire, toujours à mon humble avis, ne peut être qu'inutile ou dangereux...

Un violent mouvement se produit à l'entrée de la rue.

M. DABANDON, *terrifié, s'élançant sur la place de la Concorde.* — Voilà les gardes!... les voilà!...

Folleuil et les autres le suivent.

FOLLEUIL, *à madame Dabandon, montrant M. Dabandon qui s'engouffre dans l'avenue Gabriel.* — Il court joliment bien, votre mari!...

Le groupe finit, après s'être fait pas mal bousculer, par atteindre aussi l'avenue Gabriel.

FOLLEUIL, *à M. Dabandon arrêté à l'entrée.* — Ah !... c'est gentil à vous de nous avoir attendus !... *(Regardant la place.)* Bigre !... ça se gâte, là-bas !...

Les agents et la garde républicaine chargent à l'entrée de la rue Royale. Bousculades, cris horribles.

L'ÉPOUSE DU MINISTRE, *les larmes aux yeux, se cramponnant au bras de Folleuil.* — Oh !... allons-nous-en, je vous en prie ?... ce n'est pas que j'aie peur... *(Elle lui montre un ouvrier qui a la tête et les mains en sang, et qu'on emporte inerte et ballottant dans la rue Boissy-d'Anglas.)* mais je ne veux pas voir ça !... oh !... ce pauvre homme !...

FOLLEUIL, *la regardant.* — Tenez !... voulez-vous que je vous dise ?... Eh bien, vous êtes la meilleure du lot, vous !...

L'ÉPOUSE DU MINISTRE, *qui n'a pas*

compris. — Qu'est-ce que vous dites?...

FOLLEUIL. — Des bêtises!... *(Au mi-*
nistre) Lagrathe!... demande donc à l'officier de paix qui commande à l'entrée
de la rue Boissy-d'Anglas de nous laisser
passer?... ta femme a assez vu les écra-
sés, et nous pourrions prendre le faubourg qui est relativement calme...

LE MINISTRE, *hésitant.* — Je veux bien
demander ça à l'officier de paix, mais
il va m'envoyer promener...

FOLLEUIL. — Eh non!... tu lui diras
que tu es ministre...

LE MINISTRE. — Justement!... il me
répondra : « Je la connais, celle-là!... »
et il me fera circuler en me prenant par
le bras... *(Piteusement.)* Ça m'arrive
chaque fois que je veux me faire reconnaître, ainsi...

FOLLEUIL, *riant.* — Parce que tu ne

dis pas ça avec autorité... veux-tu que je fasse le ministre, moi, et tu vas voir si nous passons?...

LE MINISTRE. — Ah! tant que tu voudras!...

FOLLEUIL, *faisant très brusquement signe à l'officier de paix de venir lui parler.* — Eh!... Psstt!...
L'officier de paix s'approche de Folleuil qui ne fait pas un pas.

LE MINISTRE *stupéfait.* — C'est qu'il arrive!... comme ça, tout de suite!...

FOLLEUIL, *très poli, mais très sec, s'adressant à l'officier de paix.* — Je vous prie de nous faire ouvrir le passage...

L'OFFICIER DE PAIX, *faisant ouvrir le cordon d'agents.* — Si vous voulez bien passer?... *(Il appelle un agent.)* on va vous accompagner pour vous

faire place dans le faubourg Saint-Ho-
noré...

Folleuil passe majestueusement.

LE MINISTRE. — C'est épatant!... Heureusement nous t'avons rencontré, sans
ça!...

*On les conduit jusqu'au faubourg. Ils se
dirigent vers la place Beauvau.*

LE MINISTRE, *montrant la cour du ministère qui est remplie de gardes républicains.* — Hein!... est-il gardé, Constans?...
crois-tu qu'il protège sa personne?

FOLLEUIL. — Il n'a peut-être pas
tort!... il n'est pas précisément idolâtré
de son bon peuple de Paris, M. Constans... et dame!...

MADAME DABANDON. — Toutes les
boutiques sont fermées!...

FOLLEUIL. — Oui... (*Montrant deux
ouvriers endimanchés et propres qui se pro-*

mènent en causant.) c'est égal !... ce qu'ils doivent rigoler, ces pauvres diables, en pensant qu'il leur suffit de se ballader paisiblement dans Paris en habits du dimanche pour que les bourgeois se terrent verdâtres de peur, et s'asseyent en claquant des dents sur les vieux bas aux économies... à la place des ouvriers, je me paierais ce plaisir-là souvent !...

L'ÉPOUSE DU MINISTRE. — Le fait est qu'il y a peu de monde dehors, je veux dire de monde « *bien* », car de l'autre...

FOLLEUIL. — Oui... c'est plutôt mêlé !... A propos, comment se fait-il que votre charmant et sympathique ami ne vous ait pas accompagnés ?...

L'ÉPOUSE DU MINISTRE. — Quel charmant et sympathique ami ?...

FOLLEUIL. — M. Benjamin L'Oie-Justeloie!...

LE MINISTRE, *se récriant.* — Lui!...
(riant) Ah bien!... quand tu le connaî-
tras davantage!...

FOLLEUIL. — Mais je ne le connaîtrai
pas davantage!...

LE MINISTRE, *s'arrêtant devant la cour
de l'Élysée.* —Ah çà! par exemple, c'est
très chic!... les portes grandes ouvertes,
et pas même un agent dans la cour!...
Carnot est uniquement sous la protection
du peuple... très chic!...

FOLLEUIL. — Pas si chic que ça!...
ne t'emballe pas!... si la cour est vide,
le jardin est bondé de troupes...

LE MINISTRE. — Ah bah!...

FOLLEUIL, *tournant dans l'avenue Marigny.* — Tiens!... là, au-dessus des grilles,
vois-tu les fusils?

LE MINISTRE, *étonné.* — Que de fusils !... leur vue doit impressionner péniblement Brugère...

FOLLEUIL. — Par où allons nous ?...

MADAME DABANDON. — Il fait si beau !... allons nous asseoir un instant aux Champs-Élysées !... qu'en dites-vous?

FOLLEUIL. — Oui !... mais j'ai une faim de loup !... si nous allions d'abord aux gaufres ?...

LE MINISTRE. — C'est une excellente idée !...

Il fait quelques pas dans le faubourg et prend la rue du Cirque.

FOLLEUIL, *se retournant.* — Diable !... on charge derrière nous !... nous ferons bien de filer !...

Ils prennent le pas, suivis de près par une escouade d'agents. La foule est compacte.

LE MINISTRE, *regardant un tourbillon*

de poussière qui s'élève venant de l'avenue **Gabriel.** — **Eh mais!... ils nous char-gent aussi en face... ah!...**

Une terrible bousculade se produit; on en-tend des cris horribles. On est roué de coups de plat de sabre. Des gens compa-tissants ouvrent une ou deux portes co-chères; Folleuil parvient à déposer l'épouse du ministre dans une loge de concierge, la confie aux seigneurs sans importance, et va à la recherche de madame Daban-don qu'il a aperçue seule, séparée du mi-nistre dans la mêlée.

FOLLEUIL, *rejoignant madame Dabandon dans l'avenue Gabriel.* — **Vous n'avez pas de mal?...**

MADAME DABANDON, *très nerveuse.* — **Qu'est-ce que ça vous fait?... vous vous souciez bien de moi!...**

FOLLEUIL, *la faisant sortir de la foule.*

— Mais oui, je m'en soucie... puisque je suis là...

MADAME DABANDON. — Joliment!... au lieu de me prendre à votre bras, vous me plantez là... avec cet imbécile!...

FOLLEUIL. — Ah! permettez!... vous n'aviez qu'à ne pas l'amener!... c'est une mauvaise farce que vous m'avez faite là!...

MADAME DABANDON. — Ce n'était pas une raison pour...

FOLLEUIL. — Si!... j'ai pensé: « puisqu'elle ne peut pas se séparer de Lagrathe, ne les séparons pas!... » mais tout à l'heure, le cheval du garde républicain n'a pas fait tant de façons, lui!... il vous a séparés lestement... ah çà!... qu'est-ce qu'il est devenu ce pauvre Lagrathe?... (*Un nouveau mouvement de la foule les enveloppe, Folleuil passe son bras autour de la taille de madame Dabandon « pour la protéger »)* ce n'est pas que je regrette sa présence, au moins?... non... mais enfin!...

L'ÉPOUSE DU MINISTRE, *les rejoignant, accompagnée des seigneurs sans importance.* — Voilà que ça recommence!... entendez-vous ces cris?...

FOLLEUIL. — Oui!... c'est de mauvais goût de travailler par ici!... ça fait du bruit à M. Carnot!...

L'ÉPOUSE DU MINISTRE. — Et Joseph!.. où est Joseph?...

FOLLEUIL. — C'est ce que nous nous demandions à l'instant, madame Dabandon et moi...

Un brouhaha se produit; un individu couvert de poussière, le chapeau défoncé en accordéon, une manche arrachée, poursuivi par quatre agents qui tapent sur lui à

8

coups de poing et à coups de pieds, se
précipite au milieu du groupe.

L'ÉPOUSE DU MINISTRE, *saisie.* —
Joseph !... lui !... *(Apercevant une grande*
balafre rouge qui traverse la figure du mi-
nistre.) Ah mon Dieu !... ils t'ont coupé
la figure en deux !...

LE MINISTRE, *se tâtant avec inquiétude.*
— En deux ?...

FOLLEUIL. — Ce n'est rien !... un
garde ou un agent qui t'a caressé d'un
coup de plat de sabre... ça ne saigne
même pas !... mais qu'est-ce que tu as
donc fait ?...

LE MINISTRE, *anéanti.* — Je me suis
fait reconnaître !... pas autre chose !...

FOLLEUIL, *aux agents, regardant leurs*
numéros. — Vous savez que ça vous
coûtera cher, cette petite plaisante-
rie-là !...

LE MINISTRE, *rageusement*. — Oui!...
ça leur coûtera cher!...

UN DES AGENTS. — M.....!

UN AUTRE AGENT, *vaguement inquiet*.
— Il a voulu nous faire croire qu'il est
ministre!...

FOLLEUIL. — Eh bien! vous saurez
demain si c'est vrai!...

L'AGENT, *impressionné par Folleuil*. —
Ah!!!

L'ÉPOUSE DU MINISTRE, *montrant quelqu'un que deux agents emportent*. — Encore
un mort!... (*Elle se cache les yeux*.)

L'AGENT, *qui désire se raccommoder à
tout hasard avec le groupe*. — Oh non!...
c'est pas un mort!... c'est un monsieur
qui s'est évanoui comme ça... on l'a pas
touché, celui-là!...

L'ÉPOUSE DU MINISTRE, *compatissante*.
— La chaleur sans doute?

L'AGENT. — Non, madame, la frousse!

MADAME DABANDON, *interrogativement.*
— La frousse?... *(Regardant le monsieur qu'on emporte.)* Tiens!... c'est mon mari!...

LE MINISTRE. — Ah bah!... *(Se tordant.)* Ah! elle est bien bonne!...

A·UNE CONFÉRENCE
AU THÉATRE D'ENCOURAGEMENT

8.

A UNE CONFÉRENCE

AU THÉATRE D'ENCOURAGEMENT

Public très élégant ; beaucoup de jolies femmes ; la salle
est bondée.

Dans la grande loge de côté :

UNE DAME;

UN BOUQUET DE ROSES;

UN MONSIEUR, sans moustaches;

UNE DEUXIÈME DAME, pas distinguée;

A un fauteuil, cinquième rang :

FOLLEUIL.

Le rileau n'est pas encore levé.

FOLLEUIL, *regardant vers l'entrée.* — Viendra-t-elle?... ne viendra-t-elle pas?... l'autre jour elle m'a dit qu'elle n'avait jamais assisté à une conférence du théâtre d'encouragement... Depuis, j'ai eu soin de lui glisser, sans en avoir l'air, que je venais ici régulièrement tous les mercredis... ce qui n'est d'ailleurs pas vrai... et j'ai à tout hasard pris un second fauteuil... de sorte que, si elle arrive... (*Apercevant madame Dabandon qui parlemente à l'entrée avec l'ouvreuse.*) La voilà!...

Il regarde devant lui avec indifférence.

L'OUVREUSE. — Je n'ai plus que ce fauteuil là-bas, au dernier rang... mais je puis vous apporter une chaise ici... à l'entrée...

MADAME DABANDON, *examinant attentivement la salle.* — Oui... j'aime mieux une chaise...

L'ouvreuse disparaît et revient rapportant une chaise qu'elle installe dans le passage, à la hauteur de Folleuil.

FOLLEUIL, *faisant semblant de se retourner au bruit et d'être stupéfait en reconnaissant madame Dabandon.* Ah!!! (*Il s'élance vers elle.*) Si vous voulez accepter le fauteuil qui est près du mien, il appartient à un de mes amis qui ne peut pas venir... et je le mets à votre disposition?...

MADAME DABANDON, *semblant hésiter.* — Mais...

L'OUVREUSE. — Allez-y, allez, madame!... si vous saviez comme on est dérangé dans le passage...

Madame Dabandon cède aux instances de Folleuil et de l'ouvreuse, et va s'asseoir sur le fauteuil à côté de Folleuil.

FOLLEUIL. — Vous vous êtes donc

décidée à venir aux conférences ?...

MADAME DABANDON, *jouant l'étonne-ment.* — Décidée ??? ... mais j'y viens très souvent !...

FOLLEUIL. — Tiens !... je m'imagi-nais que vous ne veniez jamais ici ?... *(A part.)* C'est beau, la franchise ! *(Haut.)* C'est gentil à vous de n'avoir pas amené Lagrathe aujourd'hui !...

MADAME DABANDON. — Taisez-vous donc !... on lève le rideau ! ..

FOLLEUIL. — Non !... je vous ferai re-marquer qu'on le baisse... c'est très chic, ici !... le rideau s'enfonce au lieu de monter !... voici le conférencier !...

MADAME DABANDON. — L'avez-vous déjà entendu ?...

FOLLEUIL. — Jamais !...

MADAME DABANDON. — Comment s'ap-pelle-t-il ?...

FOLLEUIL, *jouant l'étonnement profond.*
— Comment, vous venez sans même savoir qui vous allez entendre?... ah bien !
voilà ce qui s'appelle aimer les conférences pour elles-mêmes, par exemple !...
ce beau monsieur à barbe blonde est
M. Casimir Bellœil, un critique musical
très connu...

LE CONFÉRENCIER, *après s'être assis,
avoir joint ses mains et tapoté le tapis de
la table.* — « Madame !... »

Léger mouvement dans l'auditoire.

FOLLEUIL, *étonné.* — Qu'est-ce qu'il a
dit ?...

MADAME DABANDON. — Il a dit : « Madame ! »

FOLLEUIL. — Tiens !... à qui en
a-t-il ?... *(Regardant autour de lui.)* Ah !
la princesse est là !... c'est égal !... elle a
beau être une excellente musicienne,

c'est pas possible qu'il s'adresse à elle!...
nous aurons mal entendu... mais tout
le monde a mal entendu... car tout le
monde regarde avec étonnement...

LE CONFÉRENCIER. — « Je parlerai,
» si vous le voulez bien, de Martini...
» j'essaierai de faire revivre un instant
» pour vous ce compositeur si fin, si ou-
» blié aujourd'hui que la mélodie mé-
» prisée... »

LE VOISIN DE FOLLEUIL, *à la dame
assise auprès de lui.* — Est-ce que ça t'a-
muse, Euphrasie?...

LA DAME. — Ma foi, non!...

LE VOISIN. — Ben, si nous filions?...

LA DAME. — Oh!... déjà!... c'est
dommage!...

LE VOISIN. — Ma foi, non!... nous ne
venons que pour la voir, n'est-ce pas?...
(Il regarde furtivement la dame et le bouquet

de roses de la loge de côté.) Nous l'avons vue... filons !

FOLLEUIL, *terrifié, regardant vers l'entrée.* — Oh !... les Lagrathe !...

MADAME DABANDON, *inquiète.* — Où ça ?... c'est une farce ?...

FOLLEUIL. — Une farce ?... Ah ouiche !... regardez !...

Il lui montre le ministre (le onzième), qui apparaît précédé de l'ouvreuse et suivi de son épouse.

MADAME DABANDON, *très agitée.* — Je regrette d'être venue, moi !...

FOLLEUIL. — Ben, et moi donc !... je me promettais une bonne petite après-midi... passée avec vous... *(Agacé.)* Ah çà !... ils ne fichent donc rien, ces ministres de malheur !... qu'ils ont le temps de se ballader comme ça aux conférences ?...

9

LE VOISIN DE FOLLEUIL, *poussant le coude à la dame assise à côté de lui.* — Euphrasie !... tu vois ce monsieur... là-bas à l'entrée, ce monsieur avec une grosse dame ?...

LA DAME. — Oui... Eh bien ?...

LE VOISIN. — C'est Lagrathe !... le ministre de...

> *Nom du onzième ministère.*

LA DAME. — Comment le sais-tu ?...

LE VOISIN. — C'est ce monsieur à côté de moi qui vient de le dire... il n'a pas de places retenues, le ministre !... et il ne trouve pas ce qui lui convient... *(Illuminé.)* Viens !... tu ne regretteras plus de perdre nos places !...

> *Il se lève et enjambe précipitamment Folleuil.*

LA DAME, *le suivant.* — Pourquoi ?...

LE VOISIN. — Mais... parce qu'il est

toujours bon d'obliger un ministre, pas
vrai ?... et tu vas voir ?...

*Il court au ministre et parlemente quelques
instants avec lui. Saluts, etc., etc.*

FOLLEUIL. — Savez-vous ce qu'il fait
cet animal ?... il offre ses places à Lagrathe...

*Le ministre et son épouse, guidés par l'ou-
vreuse, s'engagent dans la cinquième ran-
gée de fauteuils.*

MADAME DABANDON, *très gracieuse.* —
En voilà une chance !...

LE MINISTRE ET SON ÉPOUSE, *stupé-
faits de voir Folleuil et madame Dabandon.*
— Ah oui ! par exemple !

*Ils s'introduisent avec fracas dans les deux
fauteuils. Murmures, pschuts, protesta-
tions des voisins.*

LE CONFÉRENCIER. — « A son ar-
» rivée à Nancy, Martini publia diffé-

» rentes compositions qui attirèrent sur

» lui l'attention du roi Stanislas... »

LE MINISTRE, à *Folleuil*. — Vous êtes
entrés comme nous, parce que vous avez
reconnu la voiture, je parie?...

FOLLEUIL. — Quelle voiture?...

LES VOISINS. — Pchtt!... Pchtt!...
donc!...

LE CONFÉRENCIER. — « Quand le roi
» fut mort, Martini vint à Paris et rem-
» porta le prix d'un concours pour la
» composition d'une marche destinée
» aux gardes suisses... son premier essai
» au théâtre fut *l'Amoureux de quinze ans*
» représenté aux Italiens en 1771...

LE MINISTRE. — Ah mais! c'est rasant!... Vous êtes là depuis le commencement?...

FOLLEUIL. — Mais oui!...

LE MINISTRE. — Nous, nous ne sommes

rentrés absolument que pour la voir...

FOLLEUIL. — La voir ? ? ?

LE MINISTRE. — Oui... Léonie avait une envie rouge de voir quelle tête elle faisait...

FOLLEUIL. — Qui ?...

L'ÉPOUSE DU MINISTRE, *protestant*. — Oh !... tu dis ça maintenant, mais c'est toi au contraire qui as voulu entrer !...

LE MINISTRE. — Je proposais ça en l'air !... tu t'es précipitée et tu as dit : « Oh oui, je t'en prie, allons voir sa tête !... »

FOLLEUIL, *horripilé*. — Mais quelle tête ?... quelle voiture ?... de qui parlez-vous, sapristi ?...

LE MINISTRE. — Ben, de madame Carnot !...

FOLLEUIL. — Elle est ici ?...

LE MINISTRE, *étonné*. — Mais naturel-

lement!... (*Réfléchissant.*) Vous n'êtes donc
pas venus pour la voir?...

FOLLEUIL, *avec conviction.* — Ah non!
par exemple!...

LE MINISTRE. — Alors, pourquoi êtes
vous venus?...

FOLLEUIL. — Mon Dieu!... moi je suis
entré, parce que je passais... j'ai vu les
voitures... quant à madame Dabandon,
il paraît qu'elle est une habituée...

LE MINISTRE, *ahuri.* — Elle!... (*A part.*)
elle m'a dit, à moi, qu'elle n'était jamais
venue ici!... (*Parlant à madame Dabandon
au-dessus de Folleuil.*) Vous êtes une habituée?... vous?...

FOLLEUIL, *à part.* — Ce pauvre Lagrathe!...

MADAME DABANDON, *embarrassée.* —
Une habituée n'est pas le mot... je viens
de temps à autre...

LE MINISTRE, *pointu.* — Áh!... je ne savais pas!...

L'ÉPOUSE DU MINISTRE, *bas, au ministre.* — Mais elle n'est pas obligée de nous raconter tout ce qu'elle fait... heureusement!... car nous en entendrions de belles!...

LE MINISTRE, *très inquiet.* — Tu crois?...

L'ÉPOUSE DU MINISTRE. — Qu'est-ce que ça te fait?... il est certain que je ne voudrais pas être à la place de ce pauvre M. Dabandon...

LE MINISTRE. — Mais moi non plus, je ne voudrais pas y être!... *(A part.)* et je crains précisément que... car elle vient ici pour y rencontrer quelqu'un, bien sûr!...

L'ÉPOUSE DU MINISTRE, *indiquant la loge où est madame Carnot.* — On lui a donné des fleurs...

FOLLEUIL, *regardant*. — Ah !... c'est la
dame aux roses, madame Carnot !...

LE MINISTRE. — Vous ne l'aviez pas
vue ?...

MADAME DABANDON. — Mais non !...
elle est derrière nous... alors...

FOLLEUIL. — Je m'explique à présent
le « MADAME » du conférencier... quand
je dis, je m'explique, c'est une façon de
parler... car je trouve qu'en République,
c'est un peu bien gros d'étiquette !...
quand l'impératrice venait autrefois, rue
de la Paix, entendre M. Deschanel, ça ne
faisait pas tant d'arias...

LES VOISINS. — Pchutt... Pchutt !!...

LE CONFÉRENCIER... « Martini fut
» directeur de la musique du comte
» d'Artois et du prince de Condé ; il fut
» aussi chargé de la direction musicale
» de Monsieur... mais, hélas !... la révo-

» lution arriva!... Martini, craignant
» que sa situation à la cour ne le rendît
» suspect, se sauva à Lyon et y resta
» tant que la canaille fut maîtresse... »

FOLLEUIL. — La canaille!!! c'est admirable!... je n'aurais jamais l'aplomb de
dire ça, moi!... « La canaille!!!... » tout à
fait talon rouge, M. Casimir Bellœil!...

L'ÉPOUSE DU MINISTRE. — Je ne m'a-
muse pas beaucoup, moi!... est-ce qu'on
ne va pas chanter?...

LE MINISTRE. — Oui... tout à l'heure...

L'ÉPOUSE DU MINISTRE. — Il est très
joli, ce petit théâtre!...

FOLLEUIL. — Vous ne le connaissiez
pas?...

L'ÉPOUSE DU MINISTRE. — Non, figu-
rez-vous?... et j'avais si envie, si envie
de venir l'autre jour... pour voir *l'Infidèle* de Porto Riche...

9.

FOLLEUIL. — Un bijou!...

L'ÉPOUSE DU MINISTRE, *au ministre.* — Ah!... tu vois, Joseph!... M. de Folleuil dit que *l'Infidèle* est un bijou!...

FOLLEUIL. — Mais il n'y a pas que moi!... tout le monde le dit!... des vers exquis!...

LE MINISTRE. — Oui, mais d'un raide!... et puis moi, tu sais, les vers, ça m'est égal!... je ne fais pas grande différence entre un vers et un autre... pour moi tous les poètes se ressemblent plus ou moins...

FOLLEUIL, *riant.* — Je sais bien!... pour toi Ponsard ou Ponchon c'est la même chose!...

LE MINISTRE. — Mon Dieu... je...

L'ÉPOUSE DU MINISTRE. — Et croiriez-vous, monsieur, que Joseph ne veut pas recevoir de poètes?... ni d'écrivains, ni

d'artistes!... et moi, j'aimerais tant ça!...
ça doit être si curieux à voir, des artistes!... il ne veut pas... il dit que ce
n'est pas la peine...

LE MINISTRE. — Dame!... l'ambassa-
deur d'Angleterre les invite... si ça ne
leur suffit pas!...

FOLLEUIL . . . .

L'ÉPOUSE DU MINISTRE. — Et je voudrais tant aussi voir un bal... ou un café-
concert... ou quelque chose comme ça!...

FOLLEUIL. — Comment! Vous n'avez
jamais vu le *Moulin-Rouge*, ou les *Folies-
Bergère*, ou un bouis-bouis quelconque?...

L'ÉPOUSE DU MINISTRE. — Jamais...
ni le *bouis-bouis*, ni le *Moulin-Rouge*, ni
les *Folies-Brugère*...

LE MINISTRE, *rectifiant*. — Bergère, ma
bonne amie, Bergère...

Il rit ; les voisins regardent d'un air furieux.

LE CONFÉRENCIER. — « Représenté
» pour la première fois aux Italiens, le
» 29 décembre 1783, *le Droit du Seigneur*
» y remporta un éclatant succès qui se
» continua pendant plus de soixante
» ans... L'air : *Ah! si parfois j'ai d'la*
» *tristesse!* va vous donner une idée du
» charme pénétrant du compositeur...

  Il se lève et va s'asseoir au piano.

FOLLEUIL. — Ça, c'est très bien!...
j'aime qu'un critique connaisse lui-même
l'art dont il parle... et c'est la première
fois que je vois ça!...

LE MINISTRE, *inquiet, à part, voyant
madame Dabandon qui se retourne conti-
nuellement.* — Elle vient certainement
pour quelqu'un... et ma présence la
gêne... je questionnerai adroitement Folleuil... *(Haut, à madame Dabandon.)* Vous
cherchez quelque chose?...

MADAME DABANDON. — Mais non!...
je regarde la loge présidentielle !...

LE MINISTRE, à *Folleuil*. — Tu la con-
naissais, la patronne?...

FOLLEUIL. — Pas du tout!...

L'ÉPOUSE DU MINISTRE, *vivement*. —
Comment la trouvez-vous?...

FOLLEUIL. — Mais je lui trouve l'air
parfaitement comme il faut...

L'ÉPOUSE DU MINISTRE, *désappointée*.
— Ah!!!

FOLLEUIL, *continuant*. — ... et extrêmement provincial...

L'ÉPOUSE DU MINISTRE, *se rasérénant
un peu*. — N'est-ce pas ?...

FOLLEUIL. — Je l'avais remarquée en
entrant, à cause du bouquet de roses...
on ne vient pas généralement aux conférences avec une botte de roses... je pensais... c'est une dame « très bien » de

province qui mène la « grande vie » pendant quinze jours... mais l'aspect bizarre
des individus qui l'accompagnent me dé-
routait... une femme du monde n'em-
mène pas avec elle...

MADAME DABANDON, *interrompant*. —
Sa femme de chambre?...

FOLLEUIL. — Pan!... *(Riant.)* je n'aurais pas osé porter sur la dame d'honneur un jugement aussi... indépen-
dant!... le sexe auquel elle appartient
m'oblige à une certaine réserve... mais
j'avoue que le monsieur a un peu l'air
d'un valet de chambre...

MADAME DABANDON, *vivement*. — ...Qui
aurait l'air d'un imbécile!...

FOLLEUIL. — Sévère!... *(Riant.)* Décidément vous manquez d'indulgence, les
uns et les autres, quand il s'agit de juger le monde de la cour!...

LE MINISTRE. — C'est un officier qui fait partie de la maison militaire...

FOLLEUIL. — Il remplit les fonctions d'écuyer ?...

LE MINISTRE, *se récriant.* — Il n'y a pas d'écuyer... à proprement parler... c'est plutôt un... un...

FOLLEUIL. — Un quoi?... es-tu opportuniste, hein ?... non, mais l'es-tu assez?... ça te déchirerait d'appeler les choses par leur nom ?...

LE CONFÉRENCIER, *venant se rasseoir à la table au milieu des applaudissements.* — « *Annette et Lubin*, paroles de madame » Favart et de Lourdet de Santerre, fut » représentée en 1800...

LE MINISTRE, *à Folleuil.* — Tu connais ça, toi, *Annette et Lubin?*...

FOLLEUIL. — Vaguement...

LE MINISTRE, *avec admiration.* — Tu

connais tout !... dis donc, toi qui es conservateur...

Les voisins examinent curieusement Folleuil.

FOLLEUIL, *protestant.* — Ah mais ! permets?... tu me crois donc idiot?...

LE MINISTRE. — Mais... il y a malheureusement des conservateurs qui ne sont pas idiots...

FOLLEUIL. — Il y en a un !... Cassagnac!... mais à part lui!...

LE MINISTRE. — Et si tu n'es pas conservateur, qu'est-ce que tu es?...

FOLLEUIL. — Bonapartiste...

LE MINISTRE. — C'est la même chose !...

FOLLEUIL, *riant.* — Je ne trouve pas ...

LE MINISTRE. — Enfin, tu n'es pas républicain, n'est-ce pas?...

FOLLEUIL. — Pas avec les opportu-

nistes, oh non !... mais va toujours !...
qu'est-ce que tu veux savoir ?...

LE MINISTRE. — Si... si... le cas
échéant... les conservateurs... enfin, vous
autres... vous...

FOLLEUIL. — Diable !... il paraît que
c'est difficile à dire ?...

LE MINISTRE, *résolument*. — Enfin, si
Constans était... disponible, est-ce que
vous vous serviriez de lui ?...

FOLLEUIL, *riant*. — Avez-vous assez
peur que, quand vous dégringolerez,
celui-là ne retombe sur ses pattes,
hein ?...

LE MINISTRE. — Mais...

FOLLEUIL. — Avoue que, si vous
étiez sûrs de l'écraser en tombant, la
chute vous paraîtrait singulièrement
douce ?...

LE MINISTRE. — Vous vous trompez

si vous croyez que vous pourriez faire de lui un balai...

FOLLEUIL, *taquin.* — Un balai, je ne sais pas?... mais un manche?...

LE MINISTRE, *s'emballant.* — Mais vous ne le connaissez pas!... il...

QUELQUES VOISINS *protestent avec énergie contre le bruit.*

D'AUTRES VOISINS *écoutent avec intérêt la conversation.*

FOLLEUIL. — Nous faisons concurrence à la vraie conférence, tu sais!...

> *Silence relatif.*

LE CONFÉRENCIER. — « Mais ce n'est
» ni *l'Amoureux de quinze ans,* ni *le Droit*
» *du Seigneur,* ni *Annette et Lubin* qui
» ont immortalisé le nom de Martini...
» c'est une simple romance... *Plaisir*
» *d'amour,* un petit chef-d'œuvre de sentiment et de suave mélancolie... je vais

» vous faire entendre cette délicate mé-
» lodie... »

Il se lève et va accompagner la romance
au piano.

MADAME DABANDON, *écoutant.* — C'est
ravissant!...

LE MINISTRE. — Heu!... Heu!... ça
m'a l'air un peu godiche!... (*Préoccupé*
à part.) Sûr, il y a dans la salle quelqu'un qui aime ces rocamboles-là!... et
elle écoute à l'unisson!...

Il regarde de tous les côtés.

FOLLEUIL, *se penchant à l'oreille de*
madame Dabandon. — Vous aurez beau
faire, tant que vous ne viendrez pas voir
ce pauvre Folleuil chez lui, toutes les
petites combinaisons rateront... ainsi,
celle d'aujourd'hui...

MADAME DABANDON, *d'un air naïf.* —
Celle d'aujourd'hui?..

FOLLEUIL. — Oui... n'insistons pas !... elle a raté en plein !... j'avais envie de vous voir, vous aviez envie de me voir...

MADAME DABANDON, *protestant*. — Mais non !...

FOLLEUIL. — Mais si !... eh bien ! nous avons vu M. Casimir Bellœil, Lagrathe et son épouse, madame Carnot et son bouquet, mais nous ne nous sommes pas vus !... allons, un bon mouvement ?... je vous ai déjà dit qu'on peut très bien venir chez moi... j'ai des collections !...

Le rideau tombe au milieu d'applaudissements frénétiques.

LE MINISTRE, *se levant*. — Eh bien ?... quand vous voudrez ?...

FOLLEUIL. — Tiens !... le conférencier qui est parti !...

Il se lève aussi. On sort. Défilé.

L'ÉPOUSE DU MINISTRE, *montrant madame Carnot qui s'avance au bras du monsieur sans moustaches, suivie de la dame qui porte le bouquet.* — Les voilà!... les voilà!...

FOLLEUIL. — C'est drôle que ça vous intéresse si fort... vous qui voyez ça tout le temps!... une drôle d'idée de faire porter le bouquet par la dame d'honneur!... c'est malhonnête, et pour qui a donné les fleurs et pour qui les porte!... ça s'appelle faire d'une pierre deux coups!... après ça, peut-être ai-je tort?.... et cette façon de procéder est-elle la bonne?... cependant j'en doute?...

En arrivant à la porte de la rue, une vieille dame et une jeune fille qui ne connaissent pas madame Carnot vont pour passer avant elle.

LE MONSIEUR SANS MOUSTACHES, *re-*

poussant la vieille dame qui s'arrête stupé-
faite. — Allons!... Allons!....

FOLLEUIL, *au ministre.* — Il n'est peut-
être pas joli, joli, l'écuyer, mais il a si
bonne façon!...

LA VIEILLE DAME, *furieuse, demandant*
des explications aux gens qui sortent en
même temps qu'elle. — Eh bien, quoi,
madame Carnot?... est-ce que c'est écrit
sur le bout de son nez que c'est madame
Carnot?... Elle n'a qu'à mettre une haie
d'agents si elle ne veut pas qu'on passe
en même temps qu'elle!... En voilà des
histoires!...

LE MINISTRE, *ravi, à Folleuil.* — Ben
ça n'a l'air de rien, ces bêtises-là!...
mais ça retombe tout de même sur les
patrons!...

Il se frotte joyeusement les mains.

AU
SALON DU CHAMP DE MARS

AU SALON DU CHAMP DE MARS

FOLLEUIL.

LE MINISTRE *(le onzième).*

L'ÉPOUSE DU MINISTRE.

M. DABANDON.

MADAME DABANDON.

QUELQUES SEIGNEURS SANS IMPOR-
TANCE.

     Ils montent l'escalier.

LE MINISTRE. — C'est chic, ici !... ça
a l'air mieux installé qu'au palais de
l'Industrie!... et pourtant on s'est mis en

frais, cette année, au palais de l'Industrie !... *(A Folleuil.)* N'est-ce pas, cette
année, c'est très orné ?...

FOLLEUIL. — Cette année, je ne sais
pas !...

L'ÉPOUSE DU MINISTRE. — Comment,
vous ne savez pas ?... vous n'y avez pas
été ?...

FOLLEUIL. —Mais non, madame !...

M. DABANDON. — Pas du tout ?...

FOLLEUIL. — Pas du tout !...

L'ÉPOUSE DU MINISTRE, *timidement.* —
Alors... on n'y va pas ?... ça n'est pas
chic ?...

FOLLEUIL. — Mon Dieu, j'ignore si
c'est chic ou pas chic !... je n'y vais pas,
tout bonnement parce que je n'éprouve
pas le besoin d'admirer les Julian... et
que tous les vrais artistes ayant émigré...
je vais les voir où ils sont...

M. DABANDON. — Oh ! tous les vrais artistes !... c'est exagéré !...

FOLLEUIL. — Ma foi, guère !... supposons, — pour être très large, — qu'il reste dix peintres intéressants au salon Julian... ça n'est pas assez pour se déranger... d'autant plus qu'on peut voir leurs tableaux ailleurs...

LE MINISTRE. — Ce qui m'amuse, c'est de t'entendre, toi, rompre des lances pour le nouveau Salon...

FOLLEUIL. — Pourquoi est-ce que ça t'amuse ?...

LE MINISTRE. — Parce que, mon ami, tu ignores que ce salon est une institution opportuniste...

FOLLEUIL. — Mais je ne l'ignore pas !...

LE MINISTRE, *stupéfait*. — Et tu es pour ?...

FOLLEUIL. — Et je suis pour !... com-

ment?... parce que quelques « grosses
légumes » de votre parti ont aidé les
peintres à replacer M. Bouguereau et
ses disciples à leur vrai plan, ces peintres cesseraient d'avoir du talent!... tu
me crois donc plus bête que nature?...

LE MINISTRE. — Non... mais ton an-
tipathie pour les opportunistes t'aveugle
tellement...

FOLLEUIL. — Pas le moins du monde!...
d'ailleurs, c'est la première fois depuis
qu'ils existent qu'ils inclinent du côté...
honorable... ce ne serait vraiment pas
gentil de leur en vouloir de ça!...

UN DES SEIGNEURS SANS IMPORTANCE.
— Entrons-nous dans les salles?...

LE MINISTRE. — Mais oui!... *(A madame
Dabandon arrondissant son bras.)* Voulez-
vous prendre mon bras?...

MADAME DABANDON, *avec conviction.*

— Ah non !... (*Voyant que le ministre fait une tête.*) il fait trop chaud !...

L'ÉPOUSE DU MINISTRE, *s'arrêtant dans la galerie.* — Ah !... cette petite fille à cheval !...

FOLLEUIL. — C'est joli, n'est-ce pas ?... bien simple, bien campé... dommage qu'il y ait les verts du fond !...

MADAME DABANDON. — Qu'est-ce que c'est ?...

FOLLEUIL. — C'est le portrait de Blanche...

L'ÉPOUSE DU MINISTRE. — Ah !... elle s'appelle Blanche ?...

FOLLEUIL. — Non... c'est le peintre qui s'appelle Blanche... après ça, la petite fille s'appelle peut-être Blanche aussi... je n'en sais rien !...

L'ÉPOUSE DU MINISTRE. — Tiens ! oui !... Ah !... c'est ça qui serait drôle !...

10.

(*Au seigneur sans importance qui porte le catalogue.*) Voyez donc ?... *On s'arrête, on cherche.*

FOLLEUIL, *énervé faisant les cent pas.*— Oh ! ! ! ! ! ! ! ! ! ! ! !

L'ÉPOUSE DU MINISTRE, *extrêmement intéressée.* — Eh bien ?...

LE SEIGNEUR SANS IMPORTANCE. — « Portrait de mademoiselle J... M... sur son poney. »

L'ÉPOUSE DU MINISTRE. — J... M... ça n'est pas Blanche... non !.. ah !... c'est dommage !...

FOLLEUIL, *à part, trépignant.* — Je l'aime bien !... c'est pas une méchante femme !... mais il y a des instants où on taperait dessus avec joie !...

LE MINISTRE. — Entrons-nous là ?...

L'ÉPOUSE DU MINISTRE, *en arrêt devant le Puvis de Chavannes.* — Ah !... qu'est-ce que c'est que ça ?...

LE MINISTRE, *méprisant.* — C'est le Puvis de Chavannes...

L'ÉPOUSE DU MINISTRE, *à Folleuil.* — Vous aimez ça, vous, monsieur de Folleuil?...

FOLLEUIL. — Passionnément, madame...

L'ÉPOUSE DU MINISTRE. — Ah!... vraiment!... que c'est drôle!... on dirait que c'est peint avec du café au lait!... vous ne trouvez pas?...

FOLLEUIL. — Non... je ne trouve pas!...

L'ÉPOUSE DU MINISTRE, *examinant toujours le Puvis de Chavannes.* — C'est si bizarre, cette peinture!... *(A Folleuil.)* Je ne sais pas si vous êtes comme moi?... moi, je déteste tout ce qui sort de l'ordinaire!...

FOLLEUIL. — . . . .

On se promène un instant silencieusement.

MADAME DABANDON. — Oh!... les

beaux portraits de Carolus Duran !... lequel aimez-vous le mieux, monsieur de Folleuil ?

FOLLEUIL. — Mais je ne sais pas trop !... j'hésite entre la jeune femme en gris et la dame en velours rouge... Carolus Duran fait, à mon avis, les étoffes éclatantes d'une façon absolument étonnante... et puis, la femme est jolie, bien posée...

L'ÉPOUSE DU MINISTRE. — Regardez-donc ce grand monsieur dans ce long cadre... là-haut... avec un chien...

LE SEIGNEUR SANS IMPORTANCE, *qui a le catalogue.* — « Portrait de M. le comte de Lindemann... »

L'ÉPOUSE DU MINISTRE. — Tiens !... je ne me le figurais pas du tout comme ça !...

FOLLEUIL, *étonné.* — Vous le connaissez ?...

L'ÉPOUSE DU MINISTRE. — Non!...
mais je pensais qu'il était vieux... avec
des grands cheveux, un col rabattu et
l'air inspiré... vous comprenez?...

FOLLEUIL, *de plus en plus étonné.* —
Pas un mot!...

L'ÉPOUSE DU MINISTRE. — A cause
de ses vers...

FOLLEUIL. — Il fait des vers?...

L'ÉPOUSE DU MINISTRE. — Vous ne
le saviez pas?... ça vous étonne qu'il
fasse des vers?...

FOLLEUIL, *ahuri.* — Oui!... et ce qui
m'étonne surtout, c'est que, s'il en fait,
vous le sachiez?...

L'ÉPOUSE DU MINISTRE. — Mais j'ai
vu jouer sa pièce à l'Odéon *(Mouvement
de Folleuil.)* oui... à l'Odéon... je ne sais
plus comment ça s'appelait... *(Au ministre.)* Joseph!... comment donc déjà

s'appelait cette pièce?... tu sais, en vers...
l'année dernière... à l'Odéon... que madame Marie Laurent jouait?...

LE MINISTRE. — Ma bonne amie, je
me souviens bien de quelque chose
comme ça... mais je ne sais pas le nom...
c'était d'ailleurs rasant!...

FOLLEUIL, *cherchant*. — En vers?... à
l'Odéon?... Marie Laurent?... je ne vois
que *les Erynnies?*...

L'ÉPOUSE DU MINISTRE.—Vous y êtes!...

FOLLEUIL. — Mais?... quel rapport?...
c'est de Leconte de Lisle, *les Erynnies?*...

L'ÉPOUSE DU MINISTRE. — Ah! vous
croyez?... c'est bien possible!... du reste,
je ne me trompais pas de beaucoup...
c'est toujours un nom comme ça!

FOLLEUIL. — . . . .

LE MINISTRE. — Je voudrais bien
voir le Président de Bonnat...

FOLLEUIL. — Tu veux voir Bouguereau?... Ah non! au fait!... cette
année, ce n'est plus lui qui...

LE MINISTRE. — Qu'est-ce que tu me
chantes de Bouguereau... quand je te
parle du Carnot de Bonnat...

FOLLEUIL. — Ah!... bon!... mais il
n'est pas ici, ton Carnot, il...

LE MINISTRE, — *protestant vivement.* —
« Mon » Carnot?... permets...

FOLLEUIL, *continuant.* — Il est au palais de l'Industrie...

LE MINISTRE. — Alors, tu ne l'as pas
vu?...

FOLLEUIL. — Dame!... puisque je
n'y suis pas allé!...

MADAME DABANDON, *s'arrêtant à l'entrée
du grand salon.* — Ah!... c'est joli, ici!...

LE MINISTRE *suivant son idée.* — On
dit qu'il est très ressemblant?...

FOLLEUIL. — Qui ça?...

LE MINISTRE. — Ben, Carnot!...

FOLLEUIL. — Pas besoin de Bonnat pour le faire ressemblant, M. Carnot!... moi je le fais, il est parlant!... quand je dis parlant, c'est une façon de m'exprimer, car...

LE MINISTRE. — Tu le fais?... toi?... comment le fais-tu?...

FOLLEUIL. — De deux façons... d'abord avec une brosse et du cirage... ça c'est pas une charge, c'est un portrait!... et puis on m'a appris à le faire autrement, rien qu'avec des carrés et des lignes...

L'ÉPOUSE DU MINISTRE. — Oh!... ça doit être très curieux!...

FOLLEUIL. — C'est surtout vite fait...

LE MINISTRE. — Montre un peu?

FOLLEUIL. — Ici?...

LE MINISTRE. — Pourquoi pas?...

Il tend à Folleuil un crayon.

L'ÉPOUSE DU MINISTRE, *suppliante*. — Oui... pourquoi pas ?...

> *Elle lui tend un carnet.*

FOLLEUIL. — Je veux bien, moi !... ça m'est égal !... *(Il s'installe à la grande table du milieu.)* Voici... vous faites d'abord huit lignes comme ceci :... tu vois ?...

LE MINISTRE. — ... Ça ressemble à Carnot ça ?... ah ! tiens, oui !... un peu... du cou... et puis aussi comme souplesse...

FOLLEUIL. — Mais attends donc un

11

instant!... on ajoute à ces huit lignes
huit autres lignes...

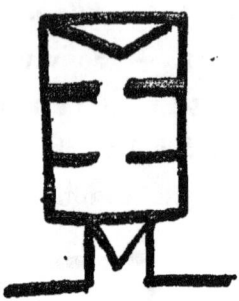

L'ÉPOUSE DU MINISTRE. — Ça ne ressemble pas encore beaucoup !...

FOLLEUIL, *impassible*. — A ces seize
lignes, il faut en ajouter cinq...

LE MINISTRE. — Que de lignes !!! ça commence à avoir un air de famille!... seulement c'est plus blond!...

FOLLEUIL, *terminant sa petite opération.* — Après quoi, il n'y a plus qu'à noircir... et voilà!...

LE MINISTRE, *se tordant.* — Oh!... il n'y a pas à dire, il est craché!...

M. Dabandon et les seigneurs sans impor-tance se tordent également.

LE MINISTRE. — Qui est-ce qui t'a appris à faire ça?...

FOLLEUIL. — C'est un ingénieur jaloux !

LE MINISTRE. — Recommence un peu, que j'apprenne aussi ?...

FOLLEUIL. — Ah non !... c'est assez !... *(Les regardant.)* C'est tout de même cocasse !... chaque fois qu'on tourne M. Carnot en ridicule, ça vous fait rigoler comme des petites baleines !...

LE MINISTRE. — Que veux-tu ?... si on ne se moquait pas de lui, de qui se moquerait-on ?...

FOLLEUIL, *s'inclinant.* — C'est juste !...

MADAME DABANDON. — Ah !... voici M. Benjamin L'Oie-Justeloie !...

LE MINISTRE, *effaré.* — Où ça ?... où ça ?...

MADAME DABANDON. — Là, tenez !... il nous a vus !... le voilà qui vient !...

LE MINISTRE, *l'air très ennuyé.* — Il vient?...

FOLLEUIL. — C'est singulier!... on dirait que ça ne te fait pas plaisir?...

LE MINISTRE. — Eh parbleu!... ça m'embête prodigieusement!... à cause de toi, animal!... je ne sais pas ce que tu as, mais tu ne peux pas le souffrir, ce pauvre L'Oie-Justeloie!...

FOLLEUIL. — Oh!... crois-tu?... c'est pourtant un jeune homme bien sympathique!...

LE MINISTRE. — Tu as l'air de blaguer!... je t'assure qu'il y a des gens très bien qui l'apprécient...

FOLLEUIL. — Ta parole!... montre-les, ces gens « très bien?... »

LE MINISTRE. — Enfin, quand ce ne serait que comme orateur... je parie que tu ne l'as jamais entendu?...

FOLLEUIL. — Si fait!... j'ai eu, il y a peu de temps, la joie de l'entendre raconter pesamment des choses banales et indigestes...

LE MINISTRE. — Quel jour l'as-tu donc entendu?...

FOLLEUIL. — Je ne sais pas!... le jour où il a parlé des *tentacules du mensonge!!!*

LE MINISTRE, *regardant M. L'Oie-Justeloie qui s'arrête pour causer avec un monsieur.* — Ah!... il a rencontré quelqu'un!... tant mieux!... quand tu es là, j'aime autant qu'il n'y soit pas!... *(Le monsieur se retourne.)* Oh!... c'est Bélantre qui est avec lui!... et il vient aussi!... ah!... sapristi!... ce que je donnerais pour être ailleurs!...

FOLLEUIL, *riant.* — Calme-toi!... veux-tu que je m'en aille?...

MADAME DABANDON ET L'ÉPOUSE DU MINISTRE. — Ah non !... par exemple !...

M. Benjamin L'Oie-Justeloie et M. P. de Bélantre s'approchent. Saluts, etc., etc.

LE MINISTRE, *bas, à Folleuil.* — Je t'en prie !... sois aimable ?...

FOLLEUIL. — Aimable ?... C'est peut-être beaucoup ?

M. L'OIE-JUSTELOIE. — Qu'est-ce que vous avez vu de joli ?...

LE MINISTRE. — Pas grand'chose !... d'abord, moi, je vous avouerai que la peinture me laisse froid !...

M. L'OIE-JUSTELOIE. — Avez-vous vu les Gervex ?... *(Il se tourne vers Folleuil.)* un rude talent, hein ?...

FOLLEUIL. — C'est absolument mon avis !...

M. L'OIE-JUSTELOIE. — Avez-vous vu...

FOLLEUIL, *interrompant*. — Son portrait... il est parfait !...

M. L'OIE-JUSTELOIE. — Oui... aussi !... mais je voulais parler de...

FOLLEUIL, *au ministre qui se dirige du côté de la galerie où est le Meissonnier*. — Comment?... tu t'en vas sans regarder le plafond de Besnard?...

LE MINISTRE, *renversant la tête et le cou*. — Ah !... c'est ça?...

L'ÉPOUSE DU MINISTRE. — Qu'est-ce que ça représente?...

LE MINISTRE. — Je l'ignore totalement, ma bonne amie...

M. P. DE BÉLANTRE. — C'est une sorte d'apothéose de...

L'ÉPOUSE DU MINISTRE. — Comment?... c'est ça, une apothéose?...

M. P. DE BÉLANTRE. — Mais... à peu près...

L'ÉPOUSE DU MINISTRE. — Moi, je croyais qu'une apothéose c'était ce qui finit les féeries!...

M. DABANDON, *à M. P. de Bélantre.* — A propos!... on s'est décidé à le lâcher?...

M. P. DE BÉLANTRE. — Qui?...

M. DABANDON. — Le petit d'Orléans!... il a de la veine!...

FOLLEUIL. — Une veine énorme!...

LE MINISTRE. — Tu as l'air de rire!.. certainement oui, il a de la veine d'avoir été lâché!... et aussi d'avoir été arrêté!... car, enfin, c'est une excellente réclame que d'être arrêté, et ne l'est pas qui veut...

FOLLEUIL, *riant.* — Veut-on tant que ça?...

LE MINISTRE. — Crois-tu que, si je l'étais, ça ne me ferait pas plaisir?...

FOLLEUIL. — Il y a peu de chances

11.

pour que, te trouvant du côté du
manche, tu...

LE MINISTRE. — Sans doute... et cependant rien ne donne une pareille no-
toriété... mais, le moyen?...

FOLLEUIL. — Tu n'as qu'à participer
activement dans vos agissements finan-
ciers à un... détournement un peu plus
qualifié que les autres... un détournement au sujet duquel la justice soit
absolument obligée de marcher... *(Mouvement du ministre.)* Non?... ça ne te chante
pas?... tu veux une arrestation politique?... envoie à Carnot un pétard
dans une boîte avec ta carte... tu es sûr
de ton affaire !...

LE MINISTRE, *riant.* — C'est bête, ce
que tu dis là !...

FOLLEUIL. — Je le sais bien !... écoute,
je te promets que, si jamais j'arrive au

pouvoir, mon premier soin sera de te faire arrêter...pour t'être agréable, bien entendu.

L'ÉPOUSE DU MINISTRE, *montrant les glaces drapées de peluche dans lesquelles on regarde le plafond de Besnard.* — Oh!... Joseph! tout le monde se regarde dans ces glaces!... viens-nous-y, veux-tu?...

LE MINISTRE. — Mais non... pourquoi?

L'ÉPOUSE DU MINISTRE. — Pour nous voir tout gros... ou tout maigres, comme l'autre jour au musée Grévin?... tu sais ce que je veux dire?... ces glaces qui élargissent ou qui allongent... *(Elle entraîne le ministre. Ils se penchent au-dessus des glaces.)* Tiens! elles sont mauvaises!... ça ne nous change presque pas!...

FOLLEUIL. — Mais ce sont des glaces ordinaires!...

L'ÉPOUSE DU MINISTRE. — Alors, à quoi ça sert-il de les mettre là?...

M. L'OIE-JUSTELOIE. — Avez-vous vu le Gervex qui représente...

FOLLEUIL, *vivement*. — La petite femme vue de dos?... ravissant!...

M. L'OIE-JUSTELOIE. — Non, pas ça!... je vous parle des portraits de...

FOLLEUIL, *au ministre*. — Eh bien, ce plafond, qu'est-ce que tu en dis?...

LE MINISTRE. — Rien!... Oh!... tu sais, moi, les peintres!... ça m'est égal!...

FOLLEUIL, *riant*. — C'est comme les poètes, hein?...

LE MINISTRE. — Précisément! j'allais le dire!... moi d'abord... je n'ai pas de parti pris... j'aime tout!...

L'ÉPOUSE DU MINISTRE. — Moi, j'aime mieux Lobrichon!...

FOLLEUIL. — . . . .

LE 14 JUILLET

LE 14 JUILLET

I

Aux Champs-Élysée*. Il est deux heures et demie. Les
voitures et les piétons se dirigent vers le Bois. Voitures de toutes sortes : mails, landaus, paulines, tapis-
sières, flacres, etc., etc., le tout littéralement bondé.
Arroseurs, camelots, gardiens de la paix, petites mar-
chandes de bouquets, municipaux, voyous, etc., etc.

DANS UNE VOITURE MAL ATTELÉE, LE
MINISTRE (LE ONZIÈME), UN DE SES
COLLÈGUES.

LE MINISTRE, *nerveux, agacé. Il aurait
voulu venir avec madame Dabandon; c'est*

son épouse qui, plus heureuse que lui, l'amène ainsi que M. Dabandon. (Il se penche et se retourne pour voir si la voiture arrive.) — Sale temps!... on ne voit ríen au milieu de cette poussière!...

LE COLLÈGUE, *calme, reposé, rayonnant, heureux d'être ministre, heureux du beau temps, heureux de tout.* — Comment, sale temps?... superbe temps, au contraire!... d'ailleurs, la fête nationale est toujours favorisée!

LE MINISTRE, *de plus en plus hargneux.* — Oui... surtout quand elle est arrosée comme l'an passé!... c'était du propre!...

Il se retourne.

LE COLLÈGUE. — Oh!... un petit orage!... pas bien méchant!... Qu'est-ce que vous cherchez donc?... vous semblez inquiet?...

LE MINISTRE. — Je cherche... ma

femme!... je suis inquiet en effet!... la voiture devrait déjà nous avoir rejoints...

LE COLLÈGUE. — C'est beau, d'être inquiet de sa femme!... parions que, dans le conseil, il n'y en pas un second comme vous!...

LE MINISTRE. — . . . .

LE COLLÈGUE. — Tranquillisez-vous!... elle va arriver, madame Lagrathe!... on ne l'a pas enlevée, bien sûr!...

LE MINISTRE, *à part.* — Bien sûr que non, hélas!... *(Haut.)* Ah!... voilà Carnot!... j'aperçois l'escorte!...

LE COLLÈGUE. — Croyez-vous?...

LE MINISTRE. — Parbleu!... je vois même la tête de Freycinet, ainsi...

LE COLLÈGUE. — Ah!... il est dans la voiture, Freycinet?...

LE MINISTRE. — Dame!... où voulez-vous qu'il soit?...

LE COLLÈGUE. — C'est juste !... c'est que j'ai de la peine à m'habituer à ce ministre de la guerre passant la revue en voiture !...

LE MINISTRE. — A moins qu'il ne la passe en bicyclette, je ne vois pas trop...

LE COLLÈGUE. — Comment, en bicyclette?... mais il monte à cheval, Freycinet !...

LE MINISTRE. — Au manège, peut-être?... ou à la campagne... ou même au Bois, avant l'heure du monde... mais de là à galopailler tout le temps, en s'occupant d'autre chose que de son cheval, il y a loin !... Voyez-vous le ministre de la guerre se flanquant par terre sous le nez de la troupe ?...

LE COLLÈGUE. — Quel coup !...

Il rit.

En daumont, correcte et bien attelée.

M. CARNOT. — M. DE FREYCINET.
LE GÉNÉRAL BRUGÈRE.

M. DE FREYCINET, *admirant les hommes
de l'escorte.* — Superbes, nos soldats !...
roses, gras, frais comme l'œil ! jamais
l'armée n'a été dans un état aussi pros-
père !... *(A M. Carnot.)* Qu'en dites-vous,
monsieur le président ?...

M. CARNOT, *sursautant.* — Hein ?...
quoi ?... qu'est-ce ?...

M. DE FREYCINET. — Vous semblez
préoccupé, monsieur le président ?... Rien

de grave, j'espère!... pas de nouvelle
lettre du roi de Dahomey?...

M. CARNOT. — Non!... je pense à la
nomination de Brugère!... ça ne va pas
glisser sur des roulettes, allez, cette no-
mination-là!...

M. DE FREYCINET. — Ça m'en a l'air!...

LE GÉNÉRAL BRUGÈRE, *inquiet.* —
Ah!... qu'est-ce qu'on dit?...

M. DE FREYCINET. — On grogne!...

M. CARNOT, *consterné.* — Ah! mon
Dieu!...

M. DE FREYCINET. — Qu'est-ce que
ça vous fait?... en admettant même que
ça fasse un peu de pétard, vous...

M. LE GÉNÉRAL BRUGÈRE, *très pâle.*
— Ne parlons pas de pétard...

M. DE FREYCINET. — Si vous préférez
potin, ça m'est égal!... *(A M. Carnot.)* —
En admettant, — dis-je, — que cette

nomination fasse un peu de potin... eh bien! soyez en bois... *(Se reprenant...)* en bronze, veux-je dire?...

M. CARNOT. — C'est que si, réelle-ment, j'ai outrepassé mes pouvoirs?...

M. DE FREYCINET. — Et pourquoi se-raient-ils faits, les pouvoirs, sinon pour être outrepassés?...

LE GÉNÉRAL BRUGÈRE, *d'une voix douce.* — J'me l'demande???...

M. DE FREYCINET, *à M. Carnot, qui semble interroger du regard la foule qui as-siste au défilé.* — Qu'avez-vous encore, monsieur le président?... vous semblez attendre quelque chose?...

M. CARNOT. — Mais non!... rien!... *(A part.)* J'attends qu'on tire sur moi, parbleu!... on a tiré l'année dernière... si on ne tire pas cette année, c'est un 14 Juillet raté!... ça me diminue!...

Dans un landau « pour noces ».

L'ÉPOUSE DU MINISTRE, *toutes voiles dehors, toilette ébouriffante.*

MADAME DABANDON (*item, mais de meilleur goût.*)

M. DABANDON, *plus abruti encore qu'à l'ordinaire; c'est l'effet de la chaleur.*

L'ÉPOUSE DU MINISTRE. — C'est singulier!... nous ne rattrapons pas Joseph!... où peut-il être?

MADAME DABANDON. — Il n'est pas perdu!... vous le retrouverez aux tribunes!... *(A part.)* C'est moi qui ne

serais pas venue si j'avais su qu'on n'em-
menait pas M. de Folleuil, par exemple !...
en voilà une fête !... *(Haut, à son mari.)*
Eh bien ! est-ce que vous dormez ?...

M. DABANDON. — Non, mon amie,
non !... mais cette chaleur m'anéantit !...
sans compter que jamais, à reculons, je
ne suis très à mon aise...

MADAME DABANDON. — Ne soyez pas
à votre aise si vous voulez, mais ne
faites pas une tête comme ça !... *(M. Dabandon sourit docilement.)*

L'ÉPOUSE DU MINISTRE, *à part.* — Je
donnerais bien cent sous pour savoir où
est Joseph !... pourvu qu'il ne soit pas
avec des femmes, surtout !... s'il n'était
pas ministre, je serais bien tranquille,
mais voilà !... il est ministre !... et il y
en a qui lui font de l'œil à cause de
ça !... une grande rousse, surtout !...

je l'ai remarquée plusieurs fois au
Bois... c'est pour ça que j'ai été chez la
somnambule!... une dame bien comme
il faut!... elle m'a dit : « Méfiance!...
une trahison se prépare!... » Une trahison?... et puis elle m'a parlé d'une
femme blonde... la grande rousse, bien
sûr!... elle aura mal vu!... Enfin, si la
trahison ne fait que se préparer, il n'y
a que demi-mal!... j'ai voulu savoir le
nom de la grande rousse... ou, au moins,
où elle demeure, et j'ai insisté pour que
la somnambule me le dise; mais elle m'a
répondu : « Je ne vois plus!... vous me
fatiguez trop!... je ne vois plus rien!... »
Et elle se renversait dans son fauteuil...
et elle poussait des soupirs terribles,
qu'elle allait chercher jusque dans ses
mollets!... et puis, elle n'a plus rien dit
du tout!... alors il a bien fallu que je

m'en aille... mais c'est égal!... c'est
vexant de ne pas savoir à quoi s'en
tenir... (*Apercevant une grande femme
rousse qui passe en victoria.*) La voilà!...
(*Furieuse.*) Dieu, les hommes sont-ils ca-
nailles!... (*Elle s'agite.*)

MADAME DABANDON, *la regardant.* —
Qu'est-ce que vous avez?... vous êtes
malade?...

L'ÉPOUSE DU MINISTRE. — Non!...
c'est... (*A part.*) j'aime mieux lui dire!...
ça me soulagera!... (*Haut.*) Joseph me
trompe!... (*Elle éclate en sanglots.*)

MADAME DABANDON, *inquiète.* — Ah!...

L'ÉPOUSE DU MINISTRE. — Ou plutôt,
il se prépare à me tromper!... (*Elle san-
glote plus fort.*)

M. DABANDON, *compatissant.* —Voyons,
chère madame, il faut vous faire une
raison?...

12

MADAME DABANDON, *rassurée.* —Mais... qui vous a dit...

L'ÉPOUSE DU MINISTRE. — La somnambule!... il me trompe!... il va me tromper, c'est-à-dire, avec une femme blonde...

MADAME DABANDON, *réinquiète.* — Ah!...

M. DABANDON. — Ben, naturellement!... vous êtes brune!...

L'ÉPOUSE DU MINISTRE, *sanglotant toujours.* — Mais... la femme est rousse... pas blonde... rousse!...

MADAME DABANDON, *rassurée de nouveau.* — Rousse!... *(A part.)* j'ai eu une peur!... j'ai cru qu'on lui avait dit la vérité...

L'ÉPOUSE DU MINISTRE. — Je veux les tuer!... *(Elle se mouche bruyamment.)*

M. DABANDON, *conciliant.* — Avant de

se laisser entraîner à des actes regret-
tables, d'abord parce qu'ils sont répré-
hensibles en eux-mêmes, ensuite parce
que...

L'ÉPOUSE DU MINISTRE, *se dressant dans
la voiture.* — Je saurai qui !... je le saurai !...M.de Folleuil vient de la saluer !...

MADAME DABANDON, *se penchant précipitamment.* — Où, M. de Folleuil ?...
où?... qui a-t-il salué?...

L'ÉPOUSE DU MINISTRE. — La femme
avec qui Joseph me trompera?...

MADAME DABANDON, *atterrée, s'oubliant.*
— La femme ?... il y en a donc une
autre?...

L'ÉPOUSE DU MINISTRE, *saisie.* — Une
autre?... pourquoi « une autre » ?
*M. Dabandon fait des signes et lance des
coups de pied à sa femme, qui le considère avec stupeur.*

L'ÉPOUSE DU MINISTRE, *suivant son idée.* — Elle était là !... arrêtée dans la file... et M. de Folleuil l'a saluée en passant !...

MADAME DABANDON. — Il est donc passé?

L'ÉPOUSE DU MINISTRE. — Oui, dans un petit fiacre... je voulais lui offrir une place... nous l'aurions emmené... Joseph n'a pas voulu...

MADAME DABANDON. — Vraiment?... *(A part.)* Il me paiera ça !... en même temps que la femme rousse !... *(Haut, d'un air indifférent.)* Qu'est-ce que c'est que cette femme rousse ?...

L'ÉPOUSE DU MINISTRE. — Si je le savais !... une sale femme !... qui nous fait l'œil au Bois... ou plutôt, qui le fait à Joseph !...

MADAME DABANDON. — Et... c'est tout?...

L'ÉPOUSE DU MINISTRE. — Je l'espère !... jusqu'à présent !... puisque la
somnambule...

UNE PETITE MARCHANDE DE BOU-
QUETS, *courant à côté du landau.* — Fleu-
rissez-vous, monsieur ?... étrennez-moi,
ça vous portera bonheur !... fleurissez vos
dames...

M. DABANDON. — Non... je n'ai besoin
de rien... laissez donc !...
Il tape sur la petite main posée sur la portière.

LA PETITE MARCHANDE DE BOUQUETS,
*lâchant la portière et retombant dans un
nuage de poussière.* — Eh ! va donc !... as-
ticot !...

UN CAMELOT QUI VEND DES ROSES
RÉPUBLICAINES EN PAPIER, *montrant à
la petite marchande de bouquets les cocardes
tricolores des hommes et des chevaux.* —
T'as donc pas vu qu'ils en sont ?... et

ceux qui en sont n'ont pas l'gousset percé, va !... y n'sont là que pour se pousser d'l'agrément et s'flanquer des bosses !... pour nous autr's, nous pouvons bien nous engraisser à lécher les murs !... c'est tout c'qu'on nous paie !...

Dans un fiacre sans numéro.

M. P. DE BÉLANTRE. — Commandeur !... je suis commandeur !... il n'y a pas à dire, j'ai de la veine que le brav' général et ses suppôts aient existé !... que serais-je sans eux ?... pas commandeur, bien certainement !... pas même officier, peut-être ?... j'espère bien que, pour mon jour de naissance, ils vont me nommer grand-croix?...(*Toisant M. Benjamin L'Oie-Justeloie qui le salue et lui rendant un salut protecteur.*) — Eh ! c'est L'Oie-Justeloie!... ce petit scribe!...

Dans une très jolie victoria.

M. BENJAMIN L'OIE-JUSTELOIE, *haussant les épaules en voyant l'attitude de M. P. de Bélantre.* — Ma parole!... il a l'air de croire que c'est arrivé!... il finira par se persuader que le réquisitoire est de lui!...

II

Aux tribunes de Lonchamps, dans la tribune officielle.

M. CARNOT, *à part, pensif.* — On a
continué à ne pas tirer!... c'est ab-
surde!... ce préfet de police est vérita-
blement idiot!... la première mesure
d'ordre, c'était de me faire tirer dessus!... à défaut du préfet, Constans aurait dû organiser ça!... *(Inquiet.)* Pourvu,
mon Dieu, qu'il n'ait pas l'idée de faire
tirer sur lui-même!...

LE GÉNÉRAL BRUGÈRE, *à part, faisant une grimace.* — Aïe!... le temps va changer!... c'est sûr!...

L'ÉPOUSE DU MINISTRE, *rejoignant avec peine son mari. D'un ton digne et majestueux.* — Enfin!... je vous retrouve!... ce n'est pas malheureux!... *(Plus bas, d'une voix étranglée.)* Joseph! dis-moi ce que tu as fait?...

LE MINISTRE, *ahuri.* — Ce que j'ai fait?...

L'ÉPOUSE DU MINISTRE. — Si tu lui as parlé, dis-le?... j'aime mieux savoir la vérité!...

LE MINISTRE. — Quelle vérité?... parlé à qui?...

L'ÉPOUSE DU MINISTRE. — A la femme avec laquelle tu me trompes?...

LE MINISTRE, *très inquiet, mais prenant un air indigné.* — Je te trompe?... moi?...

L'ÉPOUSE DU MINISTRE. — Pas encore, mais...

LE MINISTRE, *respirant..* — Ah!... à la bonne heure!...

L'ÉPOUSE DU MINISTRE. — Mais tu vas me tromper... je le sais... on me l'a dit...

LE MINISTRE, *énervé.* — Qui est-ce qui t'a dit ça?...

L'ÉPOUSE DU MINISTRE. — La somnambule!...

LE MINISTRE, *ahuri.* — Tu dis?...

L'ÉPOUSE DU MINISTRE, *éclatant.* — Je dis la somnambule!... oui!... j'en étais sûre, que tu me trompais!...

LE MINISTRE, *regardant avec anxiété autour de lui.* — Ne crie donc pas comme ça!...

L'ÉPOUSE DU MINISTRE. — Je crierai si je veux!... Alors, comme j'en étais sûre, j'ai été chez la somnambule...

LE MINISTRE, *inquiet*. — Et qu'est-ce qu'elle t'a dit?...

L'ÉPOUSE DU MINISTRE. — Elle m'a dit, quand elle a eu trouvé ta piste... j'avais emporté de tes cheveux... elle les tenait dans sa main...

LE MINISTRE. — Après?...

L'ÉPOUSE DU MINISTRE. — Elle m'a dit : « Je le vois... je le file... méfiance!... une trahison se prépare!... »

LE MINISTRE. —C'était pas moi qu'elle filait!... c'était Chincholle!...

L'ÉPOUSE DU MINISTRE. — Ah ouiche!... Chincholle!... elle m'a parlé de la femme blonde... avec laquelle tu...

LE MINISTRE, *effaré*. — Ah! elle t'a a parlé de...

L'ÉPOUSE DU MINISTRE. — Oui... alors je lui ai dit qu'elle était rousse!...

LE MINISTRE. — Rousse?... *(Rassuré.)* alors elle est rousse?...

M. DABANDON, *s'approchant.* — Vous n'avez pas vu ma femme?...

L'ÉPOUSE DU MINISTRE. — Si... elle m'a même chargé de vous dire qu'elle ne s'amusait pas dans cette tribune solennelle... et que M. de Folleuil la conduisait aux chaises... tenez, vous pouvez les voir d'ici?...

LE MINISTRE, *vexé.* — Ah!... *(A part.)* Enfin!... si elle est avec Folleuil!...

M. DABANDON. — Je vais lui dire un mot... je reviens!...

DEUX GÉNÉRAUX, *regardant défiler l'École polytechnique, qui est horrible à voir.* — Regardez-moi un peu ces Chinois-là!... de quoi ça vous a l'air?...

— Et cette façon de défiler!...

— Voyez-vous ce petit?... qui a l'air de

danser la tulipe orageuse... avec son chapeau en arrière et son pantalon mal tiré...

— Dire que ça fait partie de l'armée, ça !...

— De l'armée ?... Allons donc !... c'est une corporation ?... de l'armée ?... jamais de la vie !...

M. CARNOT, *en extase, regardant également défiler les polytechniciens.* — Sont-ils beaux !... quelle tenue !... quel air martial !... comme on sent que de nobles pensées, que des préoccupations d'un ordre élevé habitent tous ces jeunes cerveaux !... *(A part, revenant à son idée fixe.)* Si on tirait sur moi en cet instant, sans me toucher, je ne désirerais plus rien !... malheureusement, je ne peux pas compter sur l'École polytechnique pour faire ça !... *(Haut, se tournant vers le général Brugère.)* Brugère !...

LE GÉNÉRAL BRUGÈRE, *se levant brusquement.* — Monsieur le Président!...

M. CARNOT, *montrant les élèves de l'École.* — Nous étions jeunes et beaux comme eux, Brugère!...

LE GÉNÉRAL BRUGÈRE. — Nous le sommes touj... pardon, vous l'êtes toujours, monsieur le Président...

M. CARNOT. — Que c'est admirable, cette entente!... cette solidarité!... Ah!... Brugère!... si nos deux fortunes sont aujourd'hui étroitement liées, c'est à notre station à l'École polytechnique qu'elles le doivent...

LE GÉNÉRAL BRUGÈRE, *à part.* — Moi, je crois plutôt que c'est à notre station aux tirés de Marly!... *(Haut.)* Oui, monsieur le Président!...

Il essuie une larme.

Aux chaises.

FOLLEUIL.

MADAME DABANDON.

FOLLEUIL, *regardant la tribune officielle.*
— Sont-ils vilains?... vous ne remarquez
pas ça, parce que vous êtes habituée à
les voir, mais je vous assure qu'ils sont
plus vilains que nature!... *(Apercevant
M. Dabandon qui arrive.)* Patatras!!!...
votre mari qui pique droit ici, à cette
heure!...

M. DABANDON, *s'approchant et refusant
la chaise que lui offre Folleuil.* — Non,

merci!... je retourne là-haut!... (*A sa femme.*) Ma chère amie, je viens vous recommander de ne plus avoir, au retour, de distraction comme celle que vous avez eue en venant ici...

MADAME DABANDON. — Quelle distraction ai-je eue?...

M. DABANDON. — Comment... quand madame Lagrathe vous parle de la femme rousse qu'elle soupçonne, vous allez, vous, lui parler de l'autre... de la vraie...

MADAME DABANDON. — La vraie?...

M. DABANDON. — Oui, enfin!... la maîtresse de Lagrathe!... celle que tout le monde connaît!

MADAME DABANDON, *saisie*. — Celle que tout le monde... vous la connaissez, vous?...

M. DABANDON. — Je la connais...

sans la connaître!... je sais qu'elle existe... voilà tout!...

MADAME DABANDON, *à part*. — Ouf! c'est le jour aux quiproquos!...

M. DABANDON. — Lagrathe tient, dit-on, beaucoup à elle... c'est la femme d'un haut fonctionnaire, paraît-il !... vous savez, on ne parle de ça devant moi qu'à mots couverts... sans rien préciser...

FOLLEUIL, *riant*. — Je le pense!...

Madame Dabandon le regarde avec inquiétude.

M. DABANDON. — Oui... on sait que nous sommes très liés avec Lagrathe... alors, vous comprenez...

FOLLEUIL. — Parfaitement!

M. BENJAMIN L'OIE-JUSTELOIE, *s'approchant*. — Quelle horrible chaleur, n'est-ce pas?...

Saluts, poignées de mains, etc., etc.

M. DABANDON. — Avez-vous vu Bélantre?...

M. L'OIE-JUSTELOIE. — Oui... je l'ai aperçu tout à l'heure...

M. DABANDON. — Eh bien?... il doit être rayonnant?...

M. L'OIE-JUSTELOIE. — Je ne lui ai pas parlé, mais je suis convaincu qu'il trouve sa croix bien gagnée...

M. DABANDON. — En voilà une sévère!... parce qu'il a signé votre réquisitoire...

M. L'OIE-JUSTELOIE, *modeste.* — Un joli travail, si j'ose dire...

M. DABANDON. — ... alors il se croit un grand homme!...

M. L'OIE-JUSTELOIE. — Oui... il attend à présent qu'on donne son nom à une rue et qu'on fasse sa statue...

FOLLEUIL. — **La statue du Comman-deur...**

M. L'OIE-JUSTELOIE, *se tournant vers Folleuil.* — Ah! monsieur, je vous de-mande pardon, je ne vous avais pas aperçu!...

> *Il lui tend la main.*

FOLLEUIL, *lui donnant la main avec une visible répugnance.* — Je regrette que vous ayez pris la peine de m'apercevoir!... (*Madame Dabandon lui lance un regard suppliant*)... je suis si peu intéressant!...

. . . .

III

La revue est finie, on se lève pour partir.

M. CARNOT, *de plus en plus pensif, bas au général Brugère.* — Brugère!... cette année, aucun incident n'a troublé notre quiétude en ce jour de fête...

LE GÉNÉRAL BRUGÈRE. — En effet, pour une belle journée, c'est une belle journée!...

M. CARNOT. — Vous l'avouerai-je, mon ami?... une chose me manque...

en ce 14 juillet, personne n'a encore tiré sur moi... et je le regrette... ce regret vous surprend?...

LE GÉNÉRAL BRUGÈRE, *avec conviction.* — Ah fichtre oui! par exemple!...

M. CARNOT. — Ah!... je comprends!... pauvre ami!... vous souffrez toujours beaucoup?

LE GÉNÉRAL BRUGÈRE. — Monsieur le Président, beaucoup n'est pas le mot... je souffre quand le temps change...

M. CARNOT. — Chaque fois?...

LE GÉNÉRAL BRUGÈRE. — Chaque fois!... c'est vous dire, monsieur le Président, que cette année, je ne suis pas particulièrement favorisé...

M. CARNOT. — De ce côté-là, mon cher divisionnaire, car d'un autre, on a fait, pour vous satisfaire, le possible, et même davantage!... Revenons à ce que je vous

13.

disais tout à l'heure... je ne serais pas fâché si, quand je rentrerai à l'Élysée, on tirait sur moi?...

LE GÉNÉRAL BRUGÈRE. — Compris, monsieur le Président!...

M. CARNOT. — Il n'est pas absolument nécessaire que l'arme soit chargée... on pourrait faire tirer à blanc...

LE GÉNÉRAL BRUGÈRE. — Je vous y engage!...

Il descend l'escalier de la tribune et parlemente avec un monsieur.

En traversant la pelouse.

UN JEUNE HOMME, *à une très jolie cocotte qui dévisage M. Carnot.* — Eh bien!

comment le trouvez-vous, votre souverain?...

LA COCOTTE. — Peuh!... un peu navet!... j'aimais mieux le père Grévy...

LE JEUNE HOMME. — Oh!... cependant...

LA COCOTTE. — Oui... M. Carnot a regardé tout le temps la revue... ou le bout de ses doigts... tandis que le père Grévy ne regardait que nous?...

A la sortie.

UN INSPECTEUR DE LA SURETÉ, *à ses hommes*. — Attention, vous autres!.. quand le Président est arrivé, il y a des gens qui ont appelé Azor... et ça s'est entendu au milieu des cris enthousiastes!... si, quand il va sortir, ça recommence, couvrez le bruit avec des « Vive Carnot »! gueulés numéro un...

UN TITI GRIMPÉ SUR UN ARBRE, *à la petite marchande de bouquets.* — Tiens!... ouvre tes châssis!... voilà l'exécutif qu'arrive!... mâtin!... c'est t'y qu'il est noir tout d' même!...

LA PETITE MARCHANDE DE BOUQUETS, *se hissant désespérément sur la pointe des pieds.* — Où qu'il est?... oh!... poussez donc pas, grands lâches!... *(Au titi.)* j'ai pas pu l'voir!... je l'verrai l'année prochaine!...

LE TITI, *descendant de son arbre.* — Tu l'verras... tu l'verras... si d'ici là, on y a pas offert sa canne!...

MM. DABANDON, P. DE BÉLANTRE, L'OIE-JUSTELOIE, *cherchant leurs voitures.*

M. L'OIE-JUSTELOIE, *important.* — Impossible de retrouver sa voiture dans cette horrible foule!...

M. P. DE BÉLANTRE, *repoussant un bonhomme (type de pion bohème), qui barre le passage.* — Eh!... faites place, que diable!...

LE BONHOMME, *les regardant et haussant les épaules.* — Panaris moraux, va!...

L'AFFAIRE CAILLOU

L'AFFAIRE CAILLOU

PERSONNAGES

L'AVOCAT GÉNÉRAL. — LE PRÉSIDENT.
L'AVOCAT. — LE GREFFIER. — UN MUNICIPAL.

MM. les conseillers :

FOLLICHON. — POR-KÉPIC. — TANANT.
VOLAILLE. — UN CONSEILLER QUI NE
COMPREND PAS. — LAPONDU, etc., etc.

SCÈNE PREMIÈRE

La scène se passe à la Cour de cassation, Chambre criminelle.
La salle est encore vide.

Entrent :

LE MUNICIPAL, qui s'installe à sa place.

L'AVOCAT, qui dispose ses notes et ses papiers.

LE GREFFIER, qui va et vient dans la salle.

LE GREFFIER, à l'avocat.

Aujourd'hui, plaidez-vous beaucoup ?...

L'AVOCAT.

Non !... je n'ai que l'affair'Caillou !

LE GREFFIER.

C'est par là qu'ils vont commencer...

L'AVOCAT.

Oh ! y n'sont pas près d'arriver !

LE MUNICIPAL, écoutant.

Air des *Carabiniers*, des *Brigands*.

J'entends un bruit d'chaussures, d'chaussures,
[d'chaussures.
Ce sont messieurs les conseillers!
Y a des gens qu'aim'nt la magis... la magistrature,
Mais moi je n'peux pas la gober!

L'AVOCAT, qui a fini de préparer ses notes.

Je suis prêt à plaider, voilà!...

LE GREFFIER, écoutant.

C'est ma foi vrai! c'est eux! les v'là!
Y n'sont pas en r'tard pour l'audience!

LE MUNICIPAL, regardant les conseillers qui entrent.

Oui, les voilà! les vieux truqueurs!
Y n'ont pas l'air de bonne humeur!

LE GREFFIER, montrant les conseillers à l'avocat.

D'la prudenc', monsieur, d'la prudence,
Méfiance!

LE PRÉSIDENT, s'installant à sa place.

Nous sommes les bons conseillers!
La sécurité des foyers!

Bien que nous marchions à pas lents,
Pour crosser les particuliers
Nous arrivons toujours à temps!

TOUS LES CONSEILLERS.

Toujours à temps!

Ils s'installent; léger brouhaha.

LE MUNICIPAL.

Les v'là qu'ils ont fini d'grouiller!
Maint'nant y vont pouvoir pioncer!

LE PRÉSIDENT, à part.

J'me sens la têt' et l'esprit lourds!
C'est égal, commençons toujours!
Haut.
Quelle est l'affair'?...

VOLAILLE.

Je n'en sais rien!

FOLLICHON, s'avançant son rapport à la main et s'asseyant

à côté du Président.

C'est l'affair' Caillou...

LE PRÉSIDENT.

Ah! très bien!

FOLLICHON, lisant.

Air des *Brigands*. Rondeau. *Falsaccapa voici ma prise*.

Voici le pourvoi qui réclame,
Contr' un jug'ment du jug' de paix
De Tigre-sur-Mer, qui condamne
Les demandeurs. Voici les faits :
Un' manifestation de haine
Fait' au lend'main des élections
Du mois d'septembre ; v'là c'qui amène
Les demandeurs en cassation.
Ils ont, messieurs, c'est trist' à dire,
Offert un vrai charivari,
A un homm' que chacun admire,
Qui est adoré dans l'pays !
Ils ont promené des lanternes,
Poussé des crix séditieux,
Et qualifié de badernes
Ceux qui ne faisaient pas comm' eux !
Aussi en vertu d'une plainte
De l'honorabl' monsieur Caillou,
Tout' la société fut contrainte
De comparaîtr' à Tigre, où

Elle fut jugée sans ambages,
Par l'intelligent magistrat,
Qui la condamna aux dommagos
Et intérêts, cahin-caha.
Y paraît qu'pour la procédure,
L'pauvr' homm' n'était pas fort. Pardieu!
On trouva d'la magistrature
A un' heur' de Tigr', au chef-lieu.
L'procureur de la République
Aida l'juge de tout son cœur;
Y voyait bien qu'c'était très chique,
D'pouvoir tomber nos oppresseurs!
Et à eux deux y tripotèrent
Un p'tit jugement pas trop mal fait;
Quoique c'pendant, je considère,
Qu'on pouvait le fair' plus complet!
Voici, messieurs, dans ses grand's lignes,
Le rapport de l'affair' Caillou;
J'ajout' qu'les d'mandeurs ne sont dignes
D'votr' intérêt, ni peu, ni prou!

LE PRÉSIDENT, à l'avocat qui se lève.

Vous parlez maintenant?...

L'AVOCAT.

Mais naturellement!

LE PRÉSIDENT, à part.

Ah! c'est bien embêtant!

Il s'installe pour dormir.

L'AVOCAT.

Rondeau des *Œufs* du *Petit Duc.*

Messieurs! pardonnez-moi d'vous dire,
Qu'on vous trompe du tout au tout!
Je ne voudrais pour un empire
Vous débiner monsieur Caillou.
Mais enfin, si cet homm' austère,
        Avait été l'Élu fêté,
        La retrait' eût été légère
        A son impartialité.
Et si ces cris d'enthousiasme
Avaient été poussés pour lui,
Ça n'eût pas provoqué de spasme,
Ça n'aurait pas troublé sa nuit!
D'ailleurs, messieurs, je ne désire
Pas récriminer. J'veux seul'ment
Vous montrer qu'un homm' en délire
A élucubré ce jug'ment...

LE PRÉSIDENT, interrompant.

Assez!... n'parlez pas du jugement!...

L'AVOCAT, interloqué.

Mais l'jug'ment, c'est toute l'histoire!...

LE PRÉSIDENT.

Ça nous est bien indifférent!...

A l'avocat général.

C'est le tour du réquisitoire...

L'AVOCAT GÉNÉRAL.

AIR de la *Corde sensible*.

Messieurs, ici, j'viens prendre la parole,
Et vous prier d'condamner sans merci,
Pour empêcher qu'leurs manièr's fassent école.
Tous les auteurs de ce charivari !
Remarquez bien, car c'est un vrai scandale,
Que ces gens-là, marquis, bourgeois, marins,
Refus'nt de s'mettr' la colonn' en spirale
Devant les candidats républicains.
Ce n'est pas tout, ils ont fait pis encore !
Au lendemain d'notr' échec douloureux,
Ils ont prom'né le drapeau tricolore
Sous le nez du candidat malheureux !

Puis, vous l'voyez, c'est un opportuniste,
Monsieur Caillou, un homm' de haut' vertu,
Un financier, un grand capitaliste;
Qui par leur faut' p'-être, a été battu ?
Cet homm' de bien, qui vit dans la retraite,
N' veut pas qu'on pass' le soir devant chez lui;
Y croit qu'on vient pour blaguer sa défaite,
Y dit comm' ça qu'ça lui trouble sa nuit !
Vous condamn'rez, la chos' est bien certaine,
Ceux qui profit'nt de ce temps d'liberté,
Pour s'en aller crier à perdr' haleine :
Viv' monsieur l'mair' ! et viv' not' député !
Car, c'député, vous comprenez, c'est l'autre ?
Il est l'élu de tous les vieux partis !
Ce député, messieurs, n'est pas le nôtre,
Par conséquent, y n'vaut pas un radis !
D'ailleurs ici, je soutiens cette thèse,
C'est que ceux-là sont fous, tout à fait fous,
Qui, connaissant la justice française,
Pour la s'cond' fois s'fourr'nt à portée d'ses coups !

Il se rasseoit.

· · ·

14

LE PRÉSIDENT, à l'avocat qui se prépare à parler.

AIR de la *Périchole* : *Il grandira car il est Espagnol.*

Eh ! vous, là-bas ! Vous n'avez rien à dire !
Rien à montrer aux yeux fermés d'la cour !
Ça n'sert à rien, allez, d'la contredire,
En répliquant, vous feriez un vrai four !
A vos clients, ces révolutionnaires,
Ces aristos, qui veulent le combat ;
Dites, monsieur, au risque d'leur déplaire,
Qu'on n'se tromp' pas quand on est magistrat !

TOUS LES CONSEILLERS.

Qu'on n'se tromp' pas quand on est magistrat !

L'AVOCAT.

Pourtant je tiens à mon droit ! Je demande
A répliquer, monsieur le président ;
Je veux plaider, car il faut qu'on entende
La vérité, ou quelqu' chos' d'approchant.
Oui, mes clients sont traités sans mesure,
Oui, c'jug'ment-là doit provoquer débat,
Oui, bien souvent, messieurs, je vous assure,
On s'tromp' tout d'mêm' quand on est magistrat !

LE MUNICIPAL, joyeux.

On s'tromp' tout d'mêm' quand on est magistrat !

LE PRÉSIDENT, résigné.

Alors, parlez, puisqu'il le faut !

POR-KÉPIC.

Et surtout n'parlez pas trop haut !

L'AVOCAT, découragé.

Bah ! j'aim' autant garder l'silence !

LE PRÉSIDENT, s'étirant.

En c'cas, nous levons la séance...

Les conseillers sortent.

SCÈNE II

La salle des délibérations.

LE PRÉSIDENT.

Votre avis, messieurs?...

FOLLICHON, montrant une lettre.

V'là un' lettre
Qu'on vient d'me donner à l'instant,
Et que je voudrais vous soumettre...

LE PRÉSIDENT.

Est-c' d'un personnage influent ?...

FOLLICHON, d'un air fin.

Non... mais c'est d'une mienne amie,
Qui est l'amie d'monsieur Caillou...

LE PRÉSIDENT.

Vraiment! (Un temps.) Est-ce qu'elle est jolie?..

FOLLICHON.

Mais oui, pas mal! Elle a du flou!...
Ell' me r'command' viv'ment l'affaire,
Et m'charg' de vous la r'commander;
Elle est l'amie d'un secrétaire
Du brav' général Boulanger...

POR-KÉPIC, riant.

Mais ell' est donc l'ami' d'tout l'monde ?...

FOLLICHON.

Dois-je lire sa lettre ici ?...

POR-KÉPIC.

La dam'?... est-elle brun' ou blonde?...

LE PRÉSIDENT.

Pchtt!... motus!... (A Follichon.) et vous allez-y!...

Il lui fait signe de lire.

FOLLICHON, lisant.

AIR du rondo de *la Grande Duchesse: « Dites-lui... etc... »*

Dites-leur, qu'à Tigre-sur-Mer,

(Un enfer!)

Tous ces gens fur'nt abominables;

Dites-leur (Caillou jur' qu'c'est vrai)

Qu'on ne sait

Pas d'quoi ces typ's-là sont capables?

Les conseillers d'vraient ajouter

Des considérants plus sévères,

Comm' ça, on pourrait emporter

Un' haut' idée d'leurs caractères!

Dites-leur qu'ça l'embêt' beaucoup,

C'pauv' Caillou!

Dites-leur qu'il en perd la tête!

Dites-leur qu'ça l'occup' si for

L'cher Trésor!

Si, si fort qu'il en devient bête!

14.

Hélas ! Mon Dieu ! Qu'est-c' qu'ça leur fait
D'condamner ces gens pour lui plaire ?...
Y r'connaîtra ça, j'vous l'promets,
Car c'est un homm' extraordinaire !
Dites-leur que s'ils ne veul'nt pas
    Son trépas,
Ils diront zut à la justice !
Dit's-leur ça, y répondront qu'oui,
    Sapristi !
Ça n'est pas un grand sacrifice ?

Un silence.

LE PRÉSIDENT.

Eh bien, répondez à présent ?...

LE CONSEILLER QUI NE COMPREND PAS, à part.

  Ma fortune en dépend !
  Soyons intelligent !

LE PRÉSIDENT.

Deux mots, messieurs, doivent suffire,
Qui de vous, messieurs, va les dire ?...

Silence.

Allons !... parlez, on vous écoute ?...

POR-KÉPIC.

Moi, ça m'est égal !

LE PRÉSIDENT.

Pourtant, messieurs, s'il y a doute ?...

POR-KÉPIC, suivant son idée.

Équilatéral !...

LE PRÉSIDENT.

Messieurs, réfléchissez encore ?...

FOLLICHON, regardant le président en haussant les épaules.

Vieux sentimental !

LE PRÉSIDENT.

Il faut que personne n'ignore...

LE CONSEILLER QUI NE COMPREND PAS.

Qu'y n'ont pas fait d'mal !

LE PRÉSIDENT, qui voit aux têtes des conseillers qu'il insiste trop pour qu'on examine la cause.

J'vous dis tout ça, mais là, parole vraie !

Ça ne me fait rien !

Mais là, rien de rien

Qu' vous condamniez ?... Ces gens là sont la plaie

D'la Républiq', et d'vous, et d'moi...

FOLLICHON.

Eh bien?...

LE PRÉSIDENT.

Eh bien?... Eh bien?...
On peut... condamner ce me semble?...

POR-KÉPIC.

Peut pas fair' de mal!

LE PRÉSIDENT, résolument.

Condamnons donc avec ensemble!...

FOLLICHON, à part.

Enfin!... l'animal!...

LE PRÉSIDENT, solennel.

De tout cœur, messieurs, je m'empresse...

FOLLICHON, crispé, à part.

Descends donc d'ton cheval!...

LE PRÉSIDENT, continuant.

D'rendre grâc' à votre souplesse!

TOUS.

Viv' le Tribunal!...

LE PRÉSIDENT, toujours solennel.

La vérité a des accents
Qui entraîn't les honnêtes gens!

LE CONSEILLER QUI NE COMPREND PAS.

J'y comprends rien absolument!
Pourtant je suis intelligent!

Les conseillers se disposent à s'en aller.

LE PRÉSIDENT, à part, ôtant sa robe.

AIR du *Caissier* des *Brigands*.

O mes amours!... ô bell' Justice!
   Pour vivre à tes genoux,
Je f'rais les plus grands sacrifices,
Comm' pour c't affaire Caillou!
Pour m'entendre dire : « Je t'aime! »
   Par tous mes conseillers,
Je referais tout ça, et même
Quelqu' chos' de plus pervers!

J'suis pt'-être trop mou, mais...
Si c'était à refaire...
Je le referais...
Voilà mon caractère !

FIN

TABLE

—

IMPRIMERIE CHAIX. — RUE BERGÈRE, 20, PARIS. — 25172-11-90.

www.ingramcontent.com/pod-product-compliance
Lightning Source LLC
Chambersburg PA
CBHW070512030726
47503CB00004B/1243